Deutsche Erstausgabe

1. Auflage 2013


*derbengalischeflipflop@t-online.de*
*editionbuchbar@t-online.de*


Umschlaggestaltung: Andreas Wiedemann

Gesetzt aus der Greta

Druck und Bindung: Longo AG Bozen

ISBN: 978-3-00-042280-5

klimaneutral
natureOffice.com | IT-213-754151
gedruckt

Gabriele Müller

# Der Bengalische Flip-Flop

Siebenundzwanzig Geschichten

mit Illustrationen von Andreas Wiedemann

edition buchbar

Für
Pe Ka, Rosa M und die Tonis

und für
Emma, Cari und Ruben

# Schaum und Berge

„Sie wird meine Schönheit bekommen und deine Intelligenz."

„Hoffentlich", sagte der werdende Vater.

Es kam anders als geplant, und alle waren ziemlich enttäuscht.

Die Eltern sahen jedoch keine Möglichkeit, sich mit dem Schicksal zu arrangieren, und gingen bei der ersten sich bietenden Gelegenheit getrennte Wege.

❊

Marie wurde rund, blieb klein und war in der Schule eine Niete.

So sind die Dinge des Lebens eben, dachte sie sich schon in jungen Jahren. Manchmal sprach sie auch über die Dinge des Lebens. Mit Dino Zoff. Dino Zoff war ihr Idol, weil er das Idol ihres Großvaters war, den sie liebte und bei dem sie wohnte. Dino Zoff hieß ihre afrikanische Puppe, eine Puppe, die auch schon bessere Tage gesehen hatte.

„Den Dino Zoff haute so schnell keiner um. Der war ein echtes Urgestein", sagte der Großvater gerne und betonte stets, dass ein Leben ohne Dino Zoff zwar möglich sei, aber keinen Sinn mache.

# 8
❊

Der Großvater war eine Art Ich-AG und fuhr meist im ersten oder im zweiten Gang. Sehr selten im dritten. Vor dem dritten hatte er eine Hemmschwelle. Der vierte und der fünfte Gang waren für ihn Hollywood: eine surreale Angelegenheit.

Wenn er nicht gerade im ersten oder zweiten Gang fuhr, handelte er mit Kunststoffswimmingpools, die auf seinem Gewerbehof in verschiedenen Größen hochkant nebeneinander standen – hellblaue Plastikbecken auf grünem Rasen.

Marie wuchs auf mit leeren Swimmingpools und einem alten Mann, der nicht gut Auto fahren konnte. Und als sie beide eines Tages in einer Pizzeria Maries sechzehnten Geburtstag feierten und sie seiner Meinung nach alt genug war für Wahrheiten, sagte er: „Deine Mutter ist eine dumme Kuh. Hübsch und dumm."

„Ich bin nur dumm", sagte Marie.

„Hübsch und dumm ist schlimmer", sagte der Großvater, dessen Brille so groß war, dass sein Gesicht dahinter ein Schattendasein fristete.

„Ich wäre schon gerne hübsch."

„Dann bist du irgendwann nicht mehr hübsch, und nicht mehr hübsch und dumm ist noch schlimmer als niemals hübsch gewesen, aber immer schon dumm."

Marie sah den Großvater sehr lange an.

„Wann ist ein Mensch hässlich, Opa?"

„Wenn er sich selbst hässlich findet, vielleicht ..."

„Wenn ich mich nicht hässlich finde, aber alle anderen sagen, dass ich hässlich bin, was zählt dann mehr?"

„Du zählst mehr. Aber es ist natürlich ganz schön happig. Weil du einer gegen alle bist. Das ist wie Elfmeterschießen. Da brauchst du Nerven wie Stahl."

„Stahl ist stabil“, sagte Marie und zog den geschmolzenen Mozzarella mit der Gabel kreuz und quer über die Pizza Margarita. „Stahl ist nicht kaputtmachbar.“

„Deine Mutter hatte keine Nerven. Schön, dumm und hysterisch dazu.“

„Und wann ist man dumm?“, fragte Marie.

„Dumm ist man immer wieder mal. Dumm ist der Fehler in der Suppe. Tut man aber ein bisschen Salz in die Suppe, ist die Suppe gerettet.“

„Das ist schön. Wenn man eine Suppe retten kann. Ich rette immer nur kaputte Stühle, keine Suppen.“

„Ob Suppen oder Stühle oder Swimmingpools ...“

„Ich klebe sie zusammen. Aber man muss sehen, dass was nicht stimmt. Ich hab Angst, wenn alles stimmt.“

„Nichts ist verdächtiger, als wenn alles stimmt“, sagte der Opa. „Das kannst du mir glauben, mein Kind.“

„Dir werde ich auch einen Stuhl machen. Damit du einen Platz hast.“

„Ein Stuhl mit Schattenseiten für den alten Opa mit Schlagseiten.“

Sie lachten beide.

„Opa, warum sind Schauspielerinnen schön?“

„Damit das Leben im Film nicht zu viel Ähnlichkeit hat mit unserem Leben.“

„Gibt es einen Beruf für Hässliche?“, fragte Marie.

„Vielleicht Stühle retten?“, antwortete der Großvater.

❊

Der Stuhl für den Großvater war unten ein rollender Vorstandssessel aus der Automobilbranche, Premiumsegment. Die Sitzflä-

che hatte Marie mit einem alten gelben Regenmantel überzogen. Die linke Armlehne stammte aus einer Zollbehörde, die rechte aus dem Salon Michelle. Der Rest war Sperrmüll.

Für das Rückenteil nähte Marie zweiunddreißig kleine Kissen aus lilafarbenem Samt, füllte die Kissen mit Heu, stanzte an den Rändern Löcher hinein und verknüpfte die Samtkissen mit fester Paketschnur.

Wundersamerweise passten die verschiedenen Elemente zusammen, und alles fügte sich zum Besten.

„Du bist ein Chef, und Chefs brauchen einen Stuhl", sagte Marie und präsentierte dem Großvater schließlich das Möbelstück. „Den schenke ich dir, weil heute dein Namenstag ist."

„Wie heiße ich denn?"

„Opa."

„Stimmt", sagte der Großvater.

❄

Wenig später begann Marie eine Ausbildung als Flechterin, und der Großvater richtete ihr auf seinem Gewerbehof eine Werkstatt für Stühle mit Schlagundschattenseiten ein.

Er besorgte ihr Ripsbänder, Stahldraht, Bast und Weiden, Hansaplast, Wäscheleinen – alles, was Marie brauchte. Und weil ihr das Mathematische fremd war, kümmerte er sich darum, dass es von allem stets genügend Meter gab.

Mittags trafen sie sich in der Küche, aßen zusammen und schalteten die rosafarbenen Lämpchen von Maries silbernem Kunststofftannenbaum ein. Tagaus, tagein.

„Alle sagen immer, dass mein Christbaum hässlich ist. Ein Naturtannenbaum direkt aus dem Wald ist viel schöner, sagen sie. Ich bin komplett natur und hässlich ... Also."

Der Großvater lächelte seine Enkeltochter an. Er hätte keine andere haben wollen.

❊

Eines Tages kam der Mann sie besuchen und machte Fotos von den Schlagundschattenseitenstühlen.

Marie und ihr Großvater staunten nicht schlecht.

*Feng Shui, Wabi-Sabi, Shabby Chic, kompulsive Provokation, puristische Ambition, brüchige Perfektion – im Ensemble trendlos verspielt.*

Seine Worte segelten Marie um die Ohren. „Opa, ich glaube, der spinnt. Der ist noch dümmer als ich."

Der Mann fühlte sich nicht angesprochen.

„Dümmer, als die Polizei erlaubt", sagte der Großvater.

Der Mann fühlte sich nicht angesprochen.

„Was sollen wir machen, wenn er mich etwas fragt?"

„Dann sage ich, dass du sensibel bist", antwortete der Opa. „Sensibel ist ein Wort, das mögen solche Leute wie der da. ‚Eine echte Künstlerin eben', wird er sagen. ‚Künstler müssen sensibel sein.'"

„Bedeutet sensibel dumm?", fragte Marie.

„Manchmal schon. Aber das weiß so gut wie keiner. Leider."

„Sind Künstler schön?"

„Nicht unbedingt."

Der Mann wollte eines der Unikate, und der Großvater wollte zweitausend.

„Das wird uns bestimmt nie wieder passieren", sagte Marie ein Stündchen später. „Dass einer einen Schlagundschattenseitenstuhl von uns kauft."

„Von dir."

„Von uns."

„Und was willst du mit dem Geld machen?", fragte der Großvater. „Sollen wir eine Reise machen? Ans Meer?"

Marie schüttelte den Kopf.

„In die Berge?"

Marie schüttelte den Kopf.

„Kaufen wir eine Krone für dich und einen Hermelinmantel für mich?"

Marie schüttelte den Kopf.

„Was machen wir dann?", fragte er.

„Ich will ein Schaumbad in den Swimmingpools", sagte Marie. „In allen Swimmingpools."

„Zum Reinlegen?"

„Nein. Zum Anschauen."

❉

Der Großvater ließ die Vorführswimmingpools auf den Rasen knallen, schüttete literweise Lavendelschaumbad hinein und füllte die Becken randvoll mit Wasser.

Dann setzte er sich neben seine Enkeltochter auf einen der Stühle aus der Kollektion Feld und Wiese und bewunderte mit ihr zusammen die Schaumberge.

„Gefällt es dir?", fragte er sie.

Marie nickte.

„Ein sehr gelungener Moment", sagte der Großvater. „Und du hast immer noch eintausendneunhundertdreiundsiebzig Euro ..."

Marie wandte sich ihrem Großvater zu und zwickte ihn in den Arm.

„Opa, wer ist eigentlich Dino Zoff?"

# Genoveva

„Ganz wichtig ist mir, dass Sie sich heute Abend danebenbenehmen", sagte Genoveva. „Richtig aufführen sollen Sie sich. Wie ein Irrer. Sie müssen tanzen, als ob der Leibhaftige in Ihre Gebeine geschossen ist. Haben Sie mich verstanden?"

„Ja", sagte Lars.

„Sie tanzen psychedelisch, Sie tanzen wie ein Bauer, wie ein Turniertänzer, egal wie. Aber es darf nicht gut aussehen."

„Verstanden. Machen Sie sich keine Sorgen. Es wird nicht gut aussehen. Keine Sekunde lang. Dafür verbürge ich mich persönlich."

„Angewidert wegschauen wird sie wollen, diese Designer-Bagage. Aber Sie", Genoveva streckte ihren Zeigefinger mitten in sein Gesicht, „Sie müssen so grauenvoll sein, dass ein jeder Sie anstarren muss, und zwar nur Sie. Ich will, dass Sie diesem schleimigen Anzugträger auf der Bühne die Show versauen. Ich will, dass dieser senile Pop-Poet diesen Auftritt sein Leben lang nicht vergisst."

„Natürlich", sagte Lars. „Könnten wir jetzt über das Monetäre reden?"

Diskret reichte Genoveva dem jungen Mann ein Kuvert. Diskret schaute Lars in den Umschlag.

Zum Abschied nahm sie seine Hand zwischen ihre Hände und tätschelte sie. Er ließ es über sich ergehen.

Genoveva sah den Mann wohlwollend an.

Lars trug gesunde Sandalen, graue Socken, bequeme Jeanshosen, das Oberteil war aus Frottee, Kopf und Frisur ohne Konzept. An seine Umhängetasche waren ein kleiner Teddy und diverse „Anti"-Sticker geheftet.

„Wie ich sehe, haben Sie sich Ihrem Auftrag entsprechend in Schale geworfen", sagte Genoveva.

„So seh ich immer aus", sagte Lars.

Genoveva zog die linke Augenbraue hoch: „In Ihrem eigenen Interesse wünsche ich mir, dass Sie jetzt gelogen haben."

Lars war jung und arm und bereit, für Geld Grenzen zu überschreiten.

❉

Der Arzt hatte ihr empfohlen, das Beste zu machen aus der Zeit, die ihr noch bleiben sollte. Ihre Tochter und das Enkelkind sehen. Die Freundinnen. Abschied nehmen, wenn sie das möchte. Prinzregententorte essen. Barfuß über eine Gänseblümchenwiese laufen. Ein neues Duftwässerchen kaufen. Was eine Frau eben gerne tat. Dabei hatte der Arzt Genoveva freundlich angesehen.

„Tun Sie sich etwas Gutes", hatte er gesagt.

Und wenn sie sich schon seit Jahrzehnten über jemanden ärgere, hatte Genoveva den Arzt gefragt.

Dann solle sie das klären. Auf ihre Art. Und die Sache ein für allemal aus der Welt schaffen.

*

Am Abend tanzte Lars wie ein Berserker. Direkt vor der Bühne. Das Konzert wurde live übertragen. Alle Welt starrte auf ihn. An ihm war kein Vorbeikommen. Nach dreiundzwanzig Minuten hatte der alternde Pop-Dandy die Schnauze voll und unterbrach abrupt eine Ballade. Ein Security-Mitarbeiter kam auf Lars zu, er wolle ihn keineswegs verärgern, sagte er, und dass es nicht persönlich gemeint sei, dabei stieß er Lars mit seinem dicken, festen Bauch auf die Hüftknochen. Lars hatte vor dem Bauch keine Angst und wiegte seinen Körper weiterhin in klangloser Atmosphäre abstrakt nach vorne und abstrakt nach hinten. Der dicke Bauch sagte, dass das hier nicht Woodstock sei. Lars antwortete, dass Woodstock überall sei und dass er eine Mission zu erfüllen habe. Hätten sie das nicht alle, fragte der Bauch, bevor drei Männer Lars aus der Halle trugen.

*

Zwei Tage später klingelte es an ihrer Tür. Der Anzugträger.

„Ich freue mich, dass du da bist“, sagte er und reichte Genoveva eine Komposition aus Rosen und Vergissmeinnicht.

Genoveva starrte den Mann an.

„Kennst du mich nicht mehr?“, fragte er. „Wir hatten mal was miteinander.“

„Das ist verjährt.“

„Darf ich trotzdem hereinkommen?“

„Bitte.“

Er sah, dass es ihr nicht sonderlich gut ging. Sie sah, dass er bei aller Nonchalance etwas angefressen war.

Sie tranken Kaffee und aßen Baumkuchenspitzen. Dann erzählte er von dem Konzert. Von dem Wahnsinnigen. Dass er plötzlich nicht mehr im Mittelpunkt gestanden habe. So was sei ihm noch nie passiert.

„Das war gemein“, sagte Genoveva, faltete die Hände über den Knien und nickte einmal kurz mit dem Kopf. „Richtig gemein.“

„Und willst du das Allerschlimmste hören?“

„Natürlich!“

„Das war von langer Hand geplant.“

„Nein!“, sagte sie. „Ein Attentat? Extra für dich?“

Er lächelte, aber das entging ihr.

„Früher haben dich die jungen Frauen von da unten angeschmachtet“, sagte Genoveva. „Und jetzt so ein armer Irrer.“

Beide atmeten still und gedankenvoll vor sich hin.

„Nur wenige Menschen wissen, wie man mich wirklich treffen kann …“, brach er in die Stille hinein.

Genoveva schwieg und atmete weiter.

Durch eine mahagonifarbene Haarsträhne sah er sie ernst an.

„Hast du den Tänzer geschickt?“, fragte er.

„Wie kommst du denn darauf?“, rief sie empört.

„Alle anderen Frauen, die sauer auf mich sind, schreiben mir seit Jahren E-Mails oder Briefe, oder sie rufen an und sprechen mir auf den Anrufbeantworter. Und dann sagen sie alle das Gleiche: ‚Du Dreckskerl, du mieses Schwein, ich hasse dich.‘“

Er nahm einen Schluck Wasser zu sich. Sie nahm eine Baumkuchenspitze zu sich.

„Und unter all den Frauen“, fuhr er fort, „denen ich Kummer bereitet habe, bist du die einzige, die Fantasie hat. Du bist keine, die einfach nur Dreckskerl zu mir sagt. Du machst mich schon richtig fertig. Mit Karacho und mit Stil.“

Genoveva lachte laut und verlor dabei einige Baumkuchenspitzenbrösel: „Dann hat dir das Attentat auf eine gewisse Art also auch gefallen."

„Auf eine gewisse Art schon."

Er sah sie an und lachte. Auch sie gefiel ihm auf eine gewisse Art.

Genoveva war naturhübsch, zweimal geschieden und hatte schlechte Prognosen für die Zukunft.

Der Dandy war artifiziell jugendlich, hatte eine eigene Homepage, eine Zigarre, die nach ihm benannt war, und Rückenprobleme im L4/L5-Bereich.

„Ich bin ganz schön alt", sagte er.

„Wir sind beide nicht mehr blutjung."

„Du bist immer noch schön."

„Ich hab schon Altersflecken auf den Händen", sagte Genoveva.

„Das finde ich erotisierend."

„Färbst du dir die Haare?", fragte sie.

„Nur die am Kopf. Unten rum ist alles grau."

Sie lachte. Er nahm ihre Hände und küsste die Altersflecken.

❉

Eine Woche später rief er sie an.

„Ich trag immer noch diese Anzüge. Aber wenn es dich stört ..."

„Es stört mich nicht."

„Könntest du dir vorstellen ..."

„Ich bin sehr krank", unterbrach sie ihn erneut. „Ich hab nur noch ein paar Monate. Lohnt sich das?"

„Es lohnt sich immer", sagte er.

# Der Langweiler

„Exakt in diesem Kleid werde ich dich heiraten."

„Muss das sein?", fragte der zukünftige Bräutigam mit Blick auf die Kreation aus grünen Spülhandschuhen.

„Dieses Kleid ist etwas ganz Besonderes", sagte die Braut. „Und umsonst ist es auch."

Die bodenlange Robe hing an einer einfachen Holzkonstruktion im Schaufenster eines Fachgeschäfts für Arbeitsbekleidung. Links und rechts von ihr posierten ein Bäcker, ein Koch und eine Krankenschwester.

Unten neben dem Kleid befand sich ein Schild mit der Aufschrift „Zu verschenken".

„Willst du dir das nicht noch einmal überlegen?", fragte der Mann.

„Das mit der Ehe?", fragte die Zukünftige.

❊

Das mit den Geschenken war ein Problem. Er wusste, er würde nicht weniger langweilig werden, nur weil er großzügig war. Er, der in Geschäftsdingen vielleicht nicht immer anständige, aber letztendlich kreuzbrave Bankdirektor Willi Bauer, hatte eigenhändig, aber mit kompetenter Hilfe ein Kleid aus Gummihandschuhen genäht. Für jemanden, den er vermutlich nie kennen lernen würde. Aber darum ging es ihm auch nicht.

Nähen machte ihm Spaß. Seit einem Jahr besuchte er einen Nähkurs. Und keiner wusste davon. Nicht weil er sich des Nähens schämte. Er hätte einfach nicht gewusst, wem er warum davon hätte erzählen sollen.

Nähen war für Willi hochspannend, denn er wusste nie, wie die ganze Chose enden, ob das Kleid am Schluss auch passen würde.

Nähen erinnerte den Bankdirektor an Buchhaltung. Auf den ersten Blick berechenbar, auf den zweiten Blick heimtückisch.

❊

Tamara, die Frau an Willis Seite, hatte ein Faible für Extravaganzen in finanziell ansprechendem Ambiente. Für das Ambiente war er zuständig. Für die Extravaganzen graste sie auf fremden Weiden.

„Ach Willi", seufzte sie immer häufiger, „ich weiß gar nicht, wie das mit uns beiden passieren konnte. Du bist so ein braver. Eigentlich gar nicht mein Typ."

„Das weiß ich, Tamara."

„Willi, tu was. Sonst seh ich mich gezwungen, dich eines Tages zu verlassen. Du bist ein richtiger Langweiler, Willi, du ... Weißt du das?"

„Auch das weiß ich, Tamara", antwortete er.

❊

Irgendwann fing er an, in ihrem Kleiderschrank zu wühlen. Nahm einen Schwung Häkel-Bikinis, eine gelbe Hose und den roten Morgenmantel aus Seide.

Ein Bein der gelben Hose kürzte er sehr weit oberhalb des Knies. Aus den Bikinis fertigte er eine Cocktailschürze. An den Morgenmantel heftete er mit der Hand einen Nerzkragen.

In seinem Gehirn wirbelten Ideen ohne Ende, die er in der Arbeit niemals würde ausleben können.

„Was wäre ich ohne Nadel und Faden", dachte er. Jeden Abend freute er sich, wenn er endlich nach Hause durfte. Noch mehr freute er sich, wenn Tamara sich dann woanders in Extravaganzen übte und er ungestört in ihren Schränken wühlen und sich der Vorbereitung seiner Projekte widmen konnte.

❋

Im Büro bat er Elvira, seine Sekretärin, ihm Geschäftskunden herauszusuchen, die ein bisschen schwierig dastanden.

„Im Speziellen meine ich hiermit den Einzelhandel", sagte Willi.

„So wie neulich der Besitzer von dem Geschäft für Arbeitsbekleidung?"

„Ich sehe, wir verstehen uns."

❋

Zusammen mit einer Angestellten schob Willi das Holzgestell mit der gelben Hose zwischen die in verschiedenen Höhen präsentierten orthopädischen Schuhe und Kompressionsstrümpfe.

„Und wie finden Sie es?", fragte er die Verkäuferin.

„Sehr schmuck", sagte die Mitarbeiterin in dem Geschäft für Gesundheitsbedarf, „aber vielleicht sollten wir es nicht zentral stellen. Vielleicht eher ein bisschen links. Dezentralisiert ist der Überraschungseffekt um so größer."

Der Bankdirektor sprach ihr seine Anerkennung aus. Sie vertraute ihm an, dass Schaufensterdekorieren ihr Liebstes sei.

❊

Den lasziv durchsichtigen Seidenmantel stellte Willi einer karmesinroten Priesterrobe zur Seite.

„Darf ich mich darauf verlassen, dass diese Unternehmung keine Fortsetzung erfahren wird?“, fragte der Besitzer des Ladens für Priester- und Kirchenausstattung.

„Ich bin ein Ehrenmann“, antwortete Willi. „Das wissen Sie doch.“

„Bis vor Kurzem wusste ich es noch, aber jetzt …“

„Schauen Sie nicht so bedrückt. Der Mantel ist zu verschenken. Der ist in Nullkommanichts weg, dann haben Sie Ihren Seelenfrieden wieder – und außerdem: Farblich harmonieren die beiden sehr schön, finden Sie nicht?“

„Muss er unbedingt an einem Holzkreuz hängen?“

„Das muss er. Das ist Teil des Konzepts“, sagte Willi.

❊

Die Bikini-Schürze landete in einer der teuersten Boutiquen der Stadt. Eigentlich war es nicht nur eine Boutique, vielmehr handelte es sich um einen richtigen Flagshipstore.

„Das sind überhaupt nicht meine Farben“, wütete die aufgebrachte Designerin.

„Aber bitte, sehen Sie selbst“, versuchte Willi, die Frau zu beruhigen. „Die bunte Schürze ist fesch, die unterstreicht Ihre grauschwarze Schaufensterinszenierung.“

„Sie unterstreicht sie nicht, sie zerstört sie.“

„Wie dem auch sei. Sie wissen, Sie haben Schulden bei uns. Und ich weiß es auch. Also …“

„Also was?“, fragte die Modedame.

„Darf meine Schürze jetzt in Ihr Schaufenster – ja oder nein?“

❊

„Willi, wo ist mein roter Morgenmantel? Ziehst du jetzt etwa Frauenkleider an?“, Tamara drückte das Kreuz durch, presste ihr Brüste zwischen den Armen zusammen, brachte den Kopf in Schräglage, zog eine Schnute und sah ihn sexymäßig an. Sexymäßig war ihr wichtig, und zwar bei jeder sich bietenden Gelegenheit. Willi war ein Langweiler, aber er war trotzdem auch ein Mann. Und Männer standen auf sie. Das dachte sie, das wusste sie, das erzählte sie.

„Nein, Tamara, ich ziehe deinen Morgenmantel nicht an. Warum sollte ich das tun? Weil du Sehnsucht nach dem Ungewöhnlichen hast?“

„Das Warum ist mir egal. Ich möchte nur, dass du mich vorher fragst.“

„Muss ich das? Schließlich hab ich den Morgenmantel bezahlt.“

„Alles ist von dir bezahlt. Da musst du jetzt nicht spitzfindig werden, mein Lieber. Aber schließlich repräsentiere ich an deiner Seite. Und Optik will eben bezahlt werden.“

❊

Ob sie glücklich verheiratet sei, fragte Willi seine Sekretärin.

„Ich bin zufrieden und ja, ich bin gut verheiratet“, antwortete Elvira.

„Wie machen Sie das?“

„Ich bin aus freien Stücken in diese Ehe gegangen, und bis heute bin ich freiwillig in dieser Ehe geblieben. Das ist alles.“

Er sah sie freundlich an.

„Gestatten Sie mir eine Gegenfrage?“

„Nur zu“, sagte Willi.

„Sind Sie aus freien Stücken hier in der Bank?"

Er war in der Bank, weil seine Eltern vor vielen Jahren entschieden hatten, dass aus ihm etwas Besseres werden sollte.

❉

Es war weit nach Mitternacht, als sie nach Hause kam.

„Komm, Tamara, setz dich zu mir."

Sie schien angetrunken zu sein. „Hast du auf mich gewartet?"

„Ja. Ich möchte mit dir reden."

„Ach Willi."

„Hast du geweint?"

„Ja.

„Warum hast du geweint?"

„Ich war auf einer Premierenfeier, und ein Produzent hat mich angeschaut, und dann hat er zu seinem Produzentenfreund gesagt: ‚Na die hat ihr Verfallsdatum aber auch schon überschritten.' Dann haben die beiden gelacht. Und ich hab mitgelacht."

„Warum umgibst du dich mit solchen Leuten?"

„Willi, du Guter."

„Ich möchte, dass es ein Ende hat."

„Ach geh, jetzt sei nicht so dramatisch. Das hat der doch nicht böse gemeint. So ist der Humor halt in der Filmszene."

„Ich möchte, dass es zwischen uns ein Ende hat. Zwischen uns. Es passt einfach nicht. Du und ich, das passt nicht."

„Willi, jetzt werd nicht wieder fad."

❉

Am nächsten Tag stand Willi mit dem ersten Vogelgezwitscher auf. Tamara schlief noch. Er nahm all ihre Handtaschen und schmiss sie achtlos in große Mülltüten. In seinem Reisekoffer verstaute er Hosen, Hemden, Wäsche, Schuhe und einen Kulturbeutel. Dann bestellte er ein Taxi und ließ sich zu dem alten Friedhof fahren, wo Tamara jeden Tag nach dem Schönheitsschlaf ihre Joggingrunden drehte.

Er möge bitte auf ihn warten, bat Willi den Taxifahrer, bevor er mit den vielen Tüten ausstieg.

Der Friedhof war menschenleer. Die Amseln trällerten. Ein Eichhörnchen sprang von Ast zu Ast.

Willi steckte die Handtaschen in Papiertragetüten, auf die er „Nimm mich mit“ oder „Taschendiebstahl erwünscht“ geschrieben hatte. Die Tüten hängte er mit einer Schnur an den Bäumen auf. Dann ging er zurück zum Taxi, bedankte sich für das Warten und ließ sich zum Bahnhof fahren.

Unterwegs ließ er Tamaras Kreditkarten sperren, bat seinen Anwalt, sich um den Verkauf der Eigentumswohnung zu kümmern, und rief seine Sekretärin an.

„Elvira, ich werde nicht kommen.“

„Sind Sie krank, Herr Bauer?“

„Überhaupt nicht. Aber ich mag nicht mehr. Die Kündigung liegt auf meinem Tisch.“

„Dann wünsche ich Ihnen alles Gute“, sagte Elvira.

„Danke. Ich danke Ihnen.“

❉

In Innsbruck stieg er aus dem Zug und kehrte um.

„Den Kaffee wie immer?“, fragte Elvira, als er das Büro betrat.

Willi nickte. Dann wählte er die Nummer von Tamara.

„Wo bist du?“

„Ich geh gerade zum Joggen“, antwortete sie.

„Tamara, ich werde die Wohnung verkaufen. Ich suche mir was Neues. Und du suchst dir bitte auch was Neues.“

Elvira kam, brachte ihm den Kaffee. Neben die Tasse legte sie das ungeöffnete Kuvert mit dem Kündigungsschreiben.

# Zielsicher

Das Mädchen spritzt mit einer Wasserpistole ein anderes Mädchen voll, und beide lachen. Es schießt mit einer 3mm auf den dicken Bauch seiner schwangeren Mutter. Es hält die Waffe an den Kopf eines tibetischen Jungen in Mönchskleidung. Es feuert auf den Torhüter. Es zielt auf Jesus. Es steckt den Lauf in den Mund einer aufblasbaren Sexgöttin. Es richtet ein Kaninchen.

Es legt den Revolver an die eigene Stirn.

❋

Der Professor, ein Wiener im weißen Kittel, betrachtete die acht Fotografien auf dem Tisch.

„Das ist berechenbar, Kunst darf nicht berechenbar sein und auch nicht begreifbar. Was Sie da gemacht haben, ist Provokation, sprich: Es ist Werbung. *Unsere Waffen treffen immer.* So was ist das“, sagte der Professor. „Das ist das Gleiche, als wenn Sie ein hungerndes afrikanisches Kind fotografieren und dazu ein freundliches *Unsere Bank hilft Ihnen überall* schreiben. Provokativ, aber eben nicht mehr, ein bisserl wichtigtuerisch, leicht zu durchschauen und im Endeffekt öd.“

„Gut, dann mach ich jetzt eben wieder Hochzeitsbilder“, sagte der junge Mann. „Aber unberechenbare.“

„Das ist ein guter Entschluss. Machen Sie das. Und dann kommen Sie wieder. Unberechenbare Hochzeitsbilder hab ich noch keine gesehen. Das wäre dann endlich einmal etwas Neues. Das Neue im Herkömmlichen.“

❉

Ein Jahr später wurde der junge Mann wieder vorstellig: mit vierundzwanzig Originalen von Brautpaaren und Hochzeitsgesellschaften und unzähligen bearbeiteten Fotografien, auf denen er die Gesichter aller Beteiligten vertauscht hatte – neue Brautleute, die womöglich besser zusammenpassen würden, und Gäste, die sich vielleicht mehr amüsiert hätten. Oder auch nicht.

Begeistert war der Professor noch immer nicht, aber angetan. Und das reichte dem Studenten. Er wollte kein Lob, er wollte eine Chance.

„Meinetwegen“, sagte der Professor und nickte seiner Assistentin zu, „nehmen wir ihn halt.“

„Mir passt es auch gerade“, sagte der Bewerber und packte seine Brautleute wieder zusammen.

Nachdem er die Tür hinter sich geschlossen hatte, sprang er seine Freude heraus und schrie: „Das ist so geil!“

Auf der anderen Seite der Tür sagte der Professor zu seiner Assistentin: „Wieder so einer!“ und fragte, ob sie ein Zuckerl für ihn habe.

Die Assistentin im Angorapulli, den der Professor immer sehr berührungsverlockend fand, reichte ihm ein Bonbon: „Es ist so schade“, sagte sie, „aber die jungen Leute wissen heute gar nicht mehr, wie geil geil sein kann, weil viel zu viel geil für sie ist. Und im Speziellen sind sie dann eher uninspiriert.“

„Wenn ich dich im Speziellen so anschau“, sagte der Professor, „dann fühl ich mich durchaus inspiriert.“

„Ein Zuckerl reicht, Herbert.“

# Melodisch

„Ich bin Jude."

„Immer mit der Ruhe. Unsere Traumas heben wir für später auf." Sein messerscharfer Schneidezahn, ein Unfall, wie er zu einem späteren Zeitpunkt offenbaren sollte, bohrte sich in den grünen Bleistift.

Würde dieser Typ sein Gebiss in menschliches Fleisch stoßen, wäre das Vergnügen bedenklich, dachte Moritz Handschuh und dass Mädchen sich von so einem aber vermutlich den Kopf verdrehen lassen würden. „Gut, dann nehm ich den Juden zurück", sagte er. „Aber am Samstag kann ich nicht proben, und auftreten kann ich da auch nicht. Und freitagabends erst recht nicht."

„Freitag, Samstag, Sonntag sind bei uns heilig."

„Gott sei Dank!"

„Hast du auch einen Namen?", fragte der steile Zahn.

„Willst du den echten oder den Künstlernamen wissen?"

„Der Künstlername reicht."

„Johnny Trallala."

„*Johnny Trallala sings Jessas.* Das wird einschlagen wie eine Bombe."

„Und du?", fragte Moritz Handschuh.

„Samir", er nahm den Bleistift aus dem Mund und reichte Johnny Trallala alias Moritz Handschuh die Hand.

„Ist das dein Künstlername?"

„Nein", sagte Samir, „du kannst dich übrigens ruhig setzen. Ich steh nicht so drauf, wenn ich zu anderen aufschauen muss."

Johnny Trallala setzte sich neben das Nilpferd und legte dessen Kopf auf sein Knie. „Wer spielt noch in der Band?", fragte er.

„Ich und der andere. Und du, wenn du singen kannst. Wir machen alles unplugged. Ich an der Gitarre. Der andere an der anderen Gitarre. Und du halt."

„Wo üben wir?"

„Bei meinem Vater in der Reinigung, da stören wir keinen", sagte Samir.

„Willst du mich nicht fragen, warum ich bei euch singen will?"

„Hiermit frage ich dich: Warum willst du bei uns singen?"

„Wegen der Mädchen. Du nicht?"

„Ich steh nicht auf Mädchen", sagte Samir und schob den Bleistift wieder in den Mund. „Wenn überhaupt, dann steh ich auf Frauen."

„Auf welche Frauen?"

„Monica Vitti, Gena Rowlands, Julie Christie."

„Kenn ich alle nicht", sagte Johnny Trallala und tätschelte den Kopf des kleinen Nilpferds.

„Und auf wen stehst du so?", fragte Samir und senkte seinen Blick auf das Nilpferd.

„Auf die Tochter von meinem Lehrer, auf die Enkeltochter von unserem Rabbiner, auf die Freundin von meiner Schwester, auf die Freundin von meinem Bruder und auf die Neue hinter der Rückgabe."

„Da kommen wir uns nicht in die Quere", sagte Samir.

„Dem Himmel sei Dank, hast du was mit FRAUEN. Und ich mit Mädchen."

Samir sah ihn mitleidig an.

„Ich bin schwul."

„Wollten wir uns die krassen Sachen nicht für später aufheben?", fragte Johnny Trallala.

„Das ist nicht krass, krass wäre es, wenn ein schwuler Muslim sich in einen schwulen Juden verknallt. Dagegen würde auch Zeus seine Blitze schleudern."

„Dann bist du ein schwuler Antisemit. Und Zeus ist es vermutlich auch."

„Und du bist ein jüdischer Homophobiker."

„Homophobiker?"

„Ja. Was ist jetzt, Homophobiker? Machst du mit?"

„Ist der andere auch schwul?"

„Der andere redet nicht so viel wie du", sagte Samir. „Der schrammelt an seiner Gitarre herum, und das war's."

„Ich sing also gegen euch beide an."

„Ja. Und dazu brauchen wir einen geilen Song. Kannst du nicht was schreiben? Juden haben doch so viel Sprachwitz. Ich mach das Melodiöse. Und in vier Wochen spielen wir dann auf."

„Gut, ich schreib ein Liebeslied. Für deine Frauen und für meine Mädchen."

„Geht's auch ohne Liebe?", fragte Samir.

„Wozu ohne Liebe, wenn's mit Liebe auch geht?"

„Ich mag das Wort Liebe nicht – diese Inflation von Liebe: Liebesgeschichten, Liebesperlen, die Liebe zum Detail, mit Liebe gebacken, aus Liebe gemacht, ein Liebesdienst. Liebe deinen Nächsten. Liebe dich selbst. Liebe in Fragebögen: ‚Wie viel zählt für Sie die Liebe von null bis zehn Punkten?' Da sagen dann locker neunundneunzig Prozent: zehn. Und da könnte ich fast kotzen.

Und mein lieber Johnny Trallala, versteh mich jetzt nicht falsch. Ich hab nichts gegen die Liebe an sich. Im Gegenteil. Aber wichtiger als die LIEBE ist Respekt. Ohne Respekt keine Liebe."

„Was schlägst du vor?", fragte Johnny Trallala.

„Wir schaffen die Liebe ab, wir reden nicht mehr über sie."

„Abschaffen? Da würde die komplette Musikbranche zusammenbrechen. Es gäbe keine Filme mehr. Die Prostitution würde vielleicht überleben ..."

„Dann einen Liebe-freien Sonntag", sagte Samir.

Ein kleines Mädchen stellte sich vor Samir und Johnny Trallala: „Das ist die Kinderecke. Die Bücher für die Großen sind da hinten. Und jetzt gib mir sofort das Nashorn!"

„Wenn du in deinem Alter noch so doof bist", sagte Johnny Trallala, „und das für ein Nashorn hältst, dann geb ich dir das Nilpferd ganz bestimmt nicht."

Das Mädchen fing an zu heulen, und Samir und Johnny Trallala erhoben sich sofort von den Kinderstühlen.

„Zeig mir noch schnell deine Flamme bei der Rückgabe, damit ich weiß, was du für einer bist", sagte Samir.

„Da, Heulsuse“, sagte Johnny Trallala und gab dem Mädchen das Nilpferd.

❋

Hinten bei den Flokatis und den Perserteppichen hatte sein Vater eine Teeecke eingerichtet.

„Gemütlich habt ihr's hier“, sagte Johnny Trallala.

„Tut so, als ob ich nicht da wäre, lasst euch nicht stören“, sagte der Vater, nahm ein Hemd von dem dampfenden Bügelautomaten und pfiff weiter zu der Radiomusik.

„Papa, mach das Radio aus. Wir brauchen Stille. Bitte.“

„Natürlich, mein Sohn, alles, was du willst“, sagte der Vater und pfiff ohne Radio weiter. Während sich in den beiden riesigen orangefarbenen Reinigungsmaschinen einiges durcheinander wirbelte.

Es war heiß in der Reinigung. Johnny Trallalas T-Shirt klebte an seinem Körper. Er setzte sich auf den roten Lederpuff, den Samirs Vater ihm gebracht hatte.

„Sollen wir nicht auf den anderen warten?“

„Der andere kommt nicht, der Sonntagschrist“, sagte Samir und nahm seine Gitarre in die Hand. „Also, dann lass es mal hören, dein Liedchen.“

„Ohne Musik?“

„Ohne Musik, nur die Worte. Ich brauch Inspiration, damit ich den passenden Akkord finde.“

Johnny Trallala räusperte sich. Samirs Vater gesellte sich dazu. Samir sah seinen Vater an. Der Vater verstand und entfernte sich.

„Schieß los“, sagte Samir.

Johnny Trallala schnippte mit den Fingern.

*Es kracht zusammen*
*Es bricht in zwei*
*Jessas, ein Glück vorbei*
*Es geht vorbei*
*Wir fangen an*
*Jessas, mir hinterher*

„Das war's", sagte Johnny Trallala.

„Aha."

„Ja."

„Das soll ein Liebeslied sein?", fragte Samir. „Das ist zionistische Depression."

„Dann schreib doch du die Texte."

❉

Vier Wochen später standen sie im Nichtschwimmerbereich, jeder ein Bier in der Hand.

Weiter vorn bei drei Meter fünfzig spielte eine japanische Mädchenband. Die Sängerin schrie sich die Seele aus dem Leib. Die Schlagzeugerin und die Bassistin blieben sachlich. Das Publikum tobte in dem wasserlosen Schwimmbecken.

„Wenn das heute mit der Musik hier nicht klappt", brüllte Samir Johnny Trallala ins Ohr. „Was machst du dann?"

„Studieren. Und du?"

„Studieren."

Vor ihnen waren noch sieben Auftritte von sieben Freiwilligen.

Vier bestaunten sie in bedrücktem Schweigen.

„Willst du mit Karacho scheitern?", fragte Samir zwischen zwei Showeinlagen.

„Eine stille Niederlage wäre mir lieber."

Sie verließen das vor dem Abriss stehende Schwimmbad durch den Notausgang und liefen zur U-Bahn.

„Ein Mal sollten wir den Song schon noch spielen."

„Aber nicht in der Öffentlichkeit", sagte Johnny Trallala.

❉

Als Samir eine Stunde später den entscheidenden Akkord auf seiner Gitarre erklingen ließ, erzitterten die Brautkleider und glitzerten die Pailletten auf den türkischen Partykrachern in der Reinigung seines Vaters.

Johnny Trallala hatte sich Nummer 731, einen schwarzen Anzug mit glänzendem Revers, ausgeliehen.

„And one and two ...", gab Samir vor, während Johnny Trallala die Augen schloss, die Lippen öffnete und sich dem Augenblick hingab.

*Madame Pompadour, du bist so stur*
*Schmollst nie und nur*

*Bist nicht kokett*
*nur schrecklich nett*
*Und ab und zu salopp im Bett*

*Dein Gang ist schal, bist nicht banal*
*Will neben dir verweilen*
*Will deine Luftmatratze sein, dein Luftballon*
*Will dein spezieller Perserteppich sein*
*Mit dir ins ungehörig Tiefe ziehn*

*Du bist die Perle im Portfolio*
*Du bist das Sein*
*Ich bin der Schein*
*Ich hab dich eingebrannt*
*Lass dich nicht weitergehen*
*Hab dich mir einverleibt*
*Muss dich beleihn*

*Komm her, komm her zu mir*
*Zeig mir dein Bein, bin so allein*
*Karambolage, will mit dir Spaß*

*Tanzen Merengue*
*Ohne viel Enge*
*Du mit dir*
*Ich mit mir*
*wir und wir*
*Jessas, was für ein Glück*

Sämtliche Abendroben raschelten, nachdem der letzte Akkord längst verklungen war.

„Und was, wenn es ihnen doch gefallen hätte?", fragte Johnny Trallala.

„Es hätte ihnen nicht gefallen. Nicht mal aus Höflichkeit hätte es ihnen gefallen", sagte Samir. „Aus Höflichkeit applaudiert man Gottheiten und Nobelpreisträgern. Bei uns gibt es keinen Anlass für Höflichkeit."

„Und was machen wir jetzt?"

„Jetzt werden wir Freunde, was Besseres kriegen wir nicht hin."

❊

Zehn Jahre später war Johnny Trallala alias Moritz Handschuh Samirs Trauzeuge, und Samir und sein Mann wurden Patenonkel von Moritz' Zwillingen. Gemeinsam feierten sie in einer Spelunke am Stadtrand. Geladen waren einige, gekommen waren weniger.

„Willst du wissen, was dein Vater auf dem Klo gesagt hat: ‚Diesen Schwuchteln will der also seine Kinder anvertrauen.'" Samir grinste.

„Willst du wissen, was dein Vater auf dem Klo gesagt hat: ‚Jüdische Patenkinder, so schnell kann der gar nicht schauen, und die haben ihm sein letztes Geld aus den Hosentaschen geschnorrt.'" Moritz Handschuh grinste.

Sie lachten. Und die Väter waren für eine kleine Weile vom Tisch.

„Ich liebe dich", sagte Samir, „natürlich auf eine den Umständen angemessene Art."

„Ich liebe dich auch", sagte Johnny Trallala alias Moritz Handschuh und küsste Samir auf die Stirn.

# Der Hund

Es kränkte ihn, dass sie ihn siezte. Ihn als einzigen. Wenn sie ihn siezte, würden alle anderen ihn auch siezen. „Herr Doktor, wenn es Ihnen zu viel wird, gehen Sie bitte in die Stellung des Kindes. Und die anderen gehen bitte wieder in den nach unten schauenden Hund." Herr Doktor hier, Herr Doktor dort. Es war, als ob sie ihn absichtlich degradieren wollte.

Und genau das war es: Sie wollte ihn degradieren.

❊

Es war nicht ihr erstes Yoga-Seminar, das sie zusammen mit einem Bekannten leitete. Sie hatte sich darauf gefreut, auf die Schüler, das vegetarische Essen, die Ruhe, die Natur, den See, kein Nikotin, kein Alkohol. Vierunddreißig Teilnehmer, zwei Yogalehrer und eine Köchin waren sie. Es gab Gruppenzimmer, Doppelzimmer, Einzelzimmer, den großen Raum für die Yogastunden und einen Speisesaal.

„Hast du nicht wieder mal Lust, dass wir zusammen ein Yogawochenende machen ...", hatte ihr Bekannter gefragt. Und natürlich hatte sie Lust gehabt.

Als sie ihn, den Herrn Doktor, abends bei der allgemeinen Begrüßung unter den Neuen entdeckte, war die Sache gelaufen.

Nach der ersten Yogapraxis und der Schlussentspannung stapelten alle ihre Decken übereinander, rollten die Matten zusammen und freuten sich auf das vegetarische Abendbüfett.

Während sie sich zur nächsten Tankstelle direkt am See flüchtete.

❊

„Ich brauch ein Bier", sagte sie.

„Eins oder zwei?", fragte der Besitzer.

„Zwei."

„Eins hier? Zwei hier? Eins zum Mitnehmen für später, alles zum Mitnehmen?"

„Erst mal eins sofort."

Er sah sie an.

„Mädchen, du setzt dich jetzt hinten auf die Terrasse, auf den Klappstuhl, da hast du einen schönen Blick auf den See. Und ich komm gleich und setz mich dazu."

Sie saß und starrte auf den See, der die Ruhe selbst war.

Dann kam er, reichte ihr die offene Flasche Bier, eine Kippe und hielt ihr ein brennendes Streichholz hin.

Sie bedankte sich.

„Dann erzähl mal", sagte er. „Ich hab Zeit."

Sie nahm ein paar Schlucke, rauchte die Zigarette zu Ende: „Ich hab mit achtzehn für fünf Anwälte, alle mit Doktortitel, gearbeitet. Als Aushilfssekretärin. Die konnten sich untereinander auf den Tod nicht ausstehen. Jeder von diesen fünf Anwälten hatte seine eigene Art, einen Empfänger brieflich zu begrüßen: *Mein lieber, Verehrter, Sehr geehrter, Verehrtester, Hoch geehrter Herr* und so weiter. Bei der Verabschiedung war es das Gleiche: *Hocherfreut erbitte ich Ihre Antwort, Mit herzlichen Grüßen, Derweil verbleibe ich mit den besten Grüßen, Meine aufrichtige Anteilnahme für Ihre Verluste, Ihr treuer Dr. XXL* und so weiter. Dann gab es noch Variationen je nach Anlass: drohend, bittend, schleimig, distanziert: *Wir werden uns alsbald bei Ihnen melden* – nur um ein Beispiel zu nennen."

„Schlimm."

„Als ich achtzehn war, und das ist eine ganze Weile her, da gab es noch keine Computer. Es gab Schreibmaschinen, und es gab einen Fristentisch für die Briefe eben. Und ich hab mich immer vertan: die richtige Anrede zum richtigen Anwalt – ich hab das einfach nicht geschafft. Die Anreden nicht und die Fristen sowieso nicht. Ob sie sich nicht alle auf eine gemeinsame Formel einigen könnten, eine für die Anrede und eine für den Schluss, hatte ich die fünf Anwälte mit Doktortitel gebeten ..."

„Ich frag gar nicht erst."

„Das klingt bestimmt sehr lustig, wenn man sich das so vorstellt. Ich wundere mich, dass du nicht lachst. Ehrlich. Ich würde schon längst unterm Tisch liegen. Aber für mich war es eben gar nicht komisch. Ich war damals sehr verzweifelt. Wegen *sehr geehrt, verehrt, verehrtester*. Ich hab sie gehasst, alle fünf. Und einer von denen ist jetzt in meinem Yogakurs und duzt mich. Ich sieze ihn natürlich. Alles andere wäre fatal. Aber das Schlimmste für mich persönlich ... ich kann es gar nicht richtig ausdrücken. Ich mach seit fünfzehn Jahren Yoga und Meditation. Und in der Regel bin ich entspannt und gelassen, aber ..."

Sie tranken noch ein Bier und rauchten noch ein paar Zigaretten.

„Jede Regel hat ihre Ausnahmen. Ich würde ihn weiterhin siezen", sagte der Tankstellenbesitzer. „Der hat nichts Besseres verdient."

Hocherfreut stieß sie mit ihm an. „Und was machst du so?"

„Vorne mach ich Tankstelle, hinten mach ich Unterricht für Windsurfen."

„Windsurfen an einem windstillen See?"

„Das hat Vorteile. Da passiert weniger. Ohne Wind. Es ist ein sehr entspanntes Surfen."

Eine Weile saßen sie schweigend nebeneinander.

„Und wie verbleiben wir zwei jetzt?", fragte der Surflehrer.

„Ich komme wieder", sagte sie. „Morgen."

„Schön", sagte der Tankstellenbesitzer. „Wir harmonieren ja auch irgendwie, wir zwei."

Auf dem Weg zurück zum Seminarhaus schrieb sie ihrem Yoga-Bekannten eine SMS, dass sie Bier getrunken habe und Zigaretten geraucht.

Ihr Bekannter antwortete: „Kenne die Regeln und gehe spielerisch mit ihnen um."

❋

Am nächsten Morgen setzte sich der Herr Doktor zu ihr an den Tisch. Sie hätte vor Schreck fast den Ingwertee ausgespuckt.

„Ich bin nicht mehr das Arschloch von damals", sagte er. „Möglicherweise bin ich immer noch ein Arschloch und ziemlich sicher noch immer kein spannendes Arschloch. Aber definitiv bin ich nicht mehr das gleiche Arschloch wie damals."

„Arschloch war früher ein absolutes Tabuwort für mich", sagte sie, „wegen der Kinder. Immer wenn ich mich geärgert habe, beim Autofahren zum Beispiel, dann hab ich gesagt: ‚Adolf, aus der Bahn! Adolf, gleich fahr ich dir rein! Adolf, dich mach ich fertig!' Ich wollte nicht, dass die Kinder schlimme Worte von mir hörten. Aber ich wollte auch wütend sein dürfen."

„Arschloch wäre mir dann ehrlich gesagt lieber“, sagte der Herr Doktor und dass er übrigens Oskar heiße.

Nach dem Morgentee kamen alle wieder zur gemeinsamen Yogapraxis zusammen.

Sie fühlte sich leicht und locker.

„Oskar“, sagte sie, da waren sie kurz vor der Schlussentspannung. „Komm bitte her zu mir. Wir machen jetzt noch eine Partnerübung. Den Handstand. Die anderen schauen bitte erst einmal zu. Und du, Oskar, du gehst bitte noch einmal in den nach unten schauenden Hund, und von dort geht's mit ein bisschen Hopsala nach ...“

# Am Brunnen

„Wenn die Wolken da sind, dann hat die Sonne ihre gelbe Tasche zu Hause vergessen", sagte der kleine Junge mit den roten Haaren. „Dann sagt die Sonne zu den Wolken: ‚Moment mal, ich muss meine gelbe Tasche holen. Und dann kommt die Sonne mit ihrer gelben Tasche zurück, und die Wolken müssen gehen.'"

„Meine Mama sagt immer, dass Gelb blassiert", sagte das Mädchen neben ihm und warf Kieselsteine in den Brunnen.

„Mein Papa malt mit Neapelgelb oder mit Nepalgelb", sagte der andere Junge. Auf seinem T-Shirt stand *Galaktischer Unfall.*

Der Rothaarige und das Mädchen sahen ihn staunend an.

„Und wenn man gelb im Gesicht ist, dann stirbt man", sagte das Mädchen.

❊

Das Brunnenbecken war mit Lackierungen beschichtet, die je nach Lichteinfall ihre Farbe änderten. Kleine Meerjungfrauen, Giraffen, Delfine, Seepferdchen und Barbiepuppen ohne Haare wurden durch ein Labyrinth aus Glasröhren gezogen und schließlich mit einer Wasserfontäne nach oben ausgespuckt. Wenn sie dann im Becken landeten – was allerdings nicht immer der Fall war –, wurden sie wieder in die Röhren gesaugt.

„Und du hast den Brunnen wirklich selbst gemacht?"

„Ja."

„Hast du von der Stadt einen Auftrag für den Brunnen bekommen?"

„Nein. Ich hab den Platz hier gemietet."

Sie saßen nebeneinander auf der Bank und beobachteten die Kinder am Brunnen. Ein paar Minuten zuvor hatte der eine den anderen um Feuer gebeten, und so waren sie ins Gespräch gekommen.

„Und wo hast du die Rohre bekommen und das Becken?"

„Mein Vater ist Installateur, der hat mir mit den Glasröhren geholfen. Und das Becken hab ich bei einem Steinmetz gefunden. Das hab ich dann überarbeitet. Verschiedene Lasuren. Alles Mögliche eben."

„Und das Zeugs, das dein Brunnen ausspuckt?"

„Die Barbiepuppen und die Tiere, das ist alles von meiner Tochter."

„Das hat sie erlaubt?"

„Eigentlich nicht. Aber sie hat es auch nicht verboten."

„Na, die wird sich freuen."

„Meine Tochter ist tot."

Beide atmeten tief durch.

„Scheiße. Das tut mir leid. Ich bin so ein Idiot."

„Du konntest es ja nicht wissen. Meine Tochter war krank. Sie war immer krank. Mehr krank als lebendig", er räusperte sich. „Es war klar, mir war klar, dass sie sterben würde."

Die drei Kinder spritzten sich mit Wasser an.

„Aber meine Frau wollte davon nichts wissen. Sie wollte ihr Kind behalten – komme, was wolle“, er zögerte. „Nervt es dich, wenn ich davon rede?“

„Nein. Überhaupt nicht. Ich weiß nur nicht, was ich sagen soll.“

„Ich hab nie darüber geredet. Aber du und ich, wir kennen uns nicht. Wir haben uns vorher noch nie gesehen, und wir werden uns auch nie wiedersehen. Das macht es leichter für mich ... irgendwie.“

„Versteh ich.“

„Meine Tochter soll nicht vergessen werden.“

„Wie heißt deine Tochter?“

„Sie heißt Leonie.“

„Ein schöner Name.“

„Ja. Finde ich auch.“

„Und deine Frau? Was ist mit deiner Frau?“

„Meine Frau. Für die ist es sehr schwierig. Meine Frau war früher ein unglaublich fröhlicher Mensch. Und dann war sie nur noch wütend. Auch auf mich. Dass ich, der Mann, der Vater, das nicht verhindert habe, diese beschissene Krankheit. Sie hat mich oft angebrüllt, dass ich was tun soll. Sie war sehr verzweifelt. Und ich habe sie lassen. Aber das war ein Fehler. Ich hätte mir nicht alles gefallen lassen dürfen. Ich hätte ihr sagen müssen, dass sie nicht die einzige ist, die leidet.“

„Na ja, wenn alle ihren Kummer zeigen, sieht das so aus, als ob das Schiff untergeht.“

„Das Schiff ist auch so untergegangen. Nur lag der Kapitän auch am Boden.“ Er sah den Mann, der neben ihm saß, kurz an. „Ich hab meine Tochter getötet. Und es war richtig, dass ich das getan hab. Sie hat zu mir gesagt: ‚Papa, jetzt mag ich nicht mehr.' Und dann hab ich sie getötet."

Sie beobachteten schweigend die drei lachenden Kinder am Brunnen.

„Meine Tochter hätte heute Geburtstag. Und das hier hätte ihr gefallen. Das weiß ich. Sie war eine kleine Wasserratte. Aber wegen ihrer Krankheit konnten wir fast nie mit ihr ins Schwimmbad. Wegen der Keime."

„Dein Brunnen ist etwas Besonderes. Sie hätte ihn geliebt. Bestimmt. Wo hast du das gelernt – Brunnen machen? Bist du Installateur wie dein Vater oder warst du auf der Kunstakademie?"

„Ich bin Krankenpfleger."

„Krankenpfleger."

„Ja."

„Der Platz ist jetzt viel schöner mit deinem Brunnen. Viel lebendiger. Entschuldige ..."

„Nein. Das freut mich, wenn es so ist: lebendiger", er zögerte einen Moment. „Ich ..."

„Was?"

„Ich weiß nicht, ob ich Leonie ein guter Vater war. Ich weiß nicht, wie man für ein todkrankes Kind ein guter Vater sein kann."

„Ich weiß auch nicht, ob ich ein guter Vater bin. Ich weiß auch nicht, ob mein Kleiner ein guter Sohn ist. Und ich weiß auch nicht, ob Jesus gewollt hätte, dass er ans Kreuz genagelt den Menschen als Souvenir erhalten bleiben würde, oder ob aus einem Neonazi nicht auch ein guter Buddhist werden kann." Er zuckte mit den Achseln. „Na ja, das war jetzt sehr pathetisch."

„Ziemlich pathetisch. Aber es stimmt. Letztendlich wissen wir ein ganze Menge nicht."

„Ich heiße Paul."

„Jochen."

„Zumindest wissen wir jetzt, wie wir heißen", sagte Paul und grinste zaghaft.

„Ein Anfang. Immerhin", sagte Jochen.

„Er gefällt mir wirklich, dein Brunnen", sagte Paul.

„Danke."

„Kommst du morgen wieder hierher?"

„Nein, der Brunnen wird heute abend abgebaut", antwortete Jochen. „Und morgen geh ich ins Gefängnis."

Eine Gummigiraffe flog aus der Fontäne, der *Galaktische Unfall* fing sie auf und kam mit ihr zu seinem Vater gerannt.

„Darf ich die Giraffe mitnehmen, Papa?"

„Nein, das darfst du nicht", sagte Paul.

„Warum nicht?"

„Weil sie dir nicht gehört."

„Wem gehört sie denn?", fragte der Junge.

„Sie hat einem Mädchen gehört, das gestorben ist", sagte sein Vater.

„Dann braucht das Mädchen die Giraffe doch nicht mehr."

„Nimm sie", sagte Jochen.

Der Junge sah seinen Vater fragend an.

„Das ist Jochen, er ist der Vater von dem verstorbenen Mädchen. Von Leonie."

„Darf ich sie wirklich behalten?"

Jochen nickte lächelnd.

„Cool“, sagte der Junge und lief zum Brunnen zurück.

Die Männer sahen ihm hinterher.

„Kann ich dich im Gefängnis besuchen? Ich meine, das war ja nicht geplant von dir, dass wir uns wiedersehen. Aber ...“

„Aber was?“, fragte Jochen.

„Ich weiß nicht“, sagte Paul.

„Schau einfach vorbei“, sagte Jochen.

# Unterm Schirm

„Das ist ein hübsches Preußischblau, aber ..."

„Ultramarin. Es ist Ultramarin."

„Ultramarin, ich werde es in Ihrer Akte vermerken. Ultramarin, hübsch für ein Damentaschentuch. Aber für eine Ladenfassade, nein." Der Mann trug eine Sonnenbrille mit verspiegelten Gläsern. „Wir mögen keinen Bruch in der Fassade, keine Unruhe, sondern Harmonie."

Die Fassade des Ladens hätte sich in der Farbe anzupassen an die Umgebung, erklärte der Herr vom Amt. Konkret bedeute das: Beige, Schlamm, Cognac oder Grau – passend zum Straßenbelag.

„Müssen Sie so sein, oder wollen Sie so sein?" Arthur hatte eine Lederschürze umgebunden, roch nach Öl, nach Holz, seine Hände waren ramponiert. Die Frauen mochten das, vielleicht weil sie dachten, dass einer, der Schirme in Handarbeit herstellte, zuverlässiger war und dass er die Zeit stehen ließ. Und das Zeitlose stellten sie sich in ihrer Fantasie überaus ansprechend vor.

Arthur trug ein orangefarbenes Baumwollhemd, Orange, das erlaubte er sich, konnte er auch. Gegen Orange am Hemd gab es noch keine Verordnung. Vor der leuchtend blauen Mauer war er mit seinem Orange ein Lichtblick in einer Straße, in der es galt, Auffälligkeiten zu unterdrücken - abgesehen von Zigarettenwerbung, Lottoreklame, wehenden Kunststofffahnen, die Stromanbieter propagierten, und den üblichen Brauereigeschichten.

Zwei Männer, die sich gegenüberstanden - zwischen ihnen die geöffnete Ladentür, aus der Tür ein verraucht-sonores *Walk on The Wild Side* und unter ihnen unscheinbare Pflastersteine.

Der Herr bückte sich und band die Schnürsenkel seiner Wildlederschuhe zusammen.

„Warum muss ein Haus unbedingt aussehen wie eine graue Maus?" Arthur musterte seinen Besucher.

Der räusperte sich, sah nach oben. „Und auch die Markise", sagte er, „Ihre Markise gefällt mir gar nicht, das ist keine anständige Markise, und die Fassade gefällt mir sowieso nicht. Die fällt geradezu aus dem Rahmen. Aber das hatte ich ja bereits erwähnt."

„Meine Markise gefällt Ihnen auch nicht? Gut - dann werde ich die Markise sofort aus dem Weg räumen."

Arthur drehte an der Kurbelstange rechts neben der Ladentür. Die Markise bestand aus sechs Regenschirmen in verschiedenen Blautönen, die sich nacheinander auffächerten oder wie Blütenblätter ineinander falteten.

Die beiden Männer sahen in den Himmel, und der ergoss sich augenblicklich wie aus Kübeln über die Stadt und vor die Fassade.

„Das kommt ja wie bestellt", freute sich Arthur, „warten Sie einen Moment, ich hole mir einen Schirm. Ich hab ja genügend."

Er kam zurück auf den Gehweg und spannte einen großen Herrenschirm aus Kirschholz und dunkelgrauer, imprägnierter Seide auf. Es machte ein elegantes Klick, ein zartes Wusch. Ein

Klang, den nur gutes Material zu erzeugen vermochte. Plastik aus Taiwan klackte anders – ohne Sexiness.

Arthur stand unter dem Schirm. Der andere im Regen, und seine Wildlederschuhe begannen aufzuweichen. Eine ältere Dame mit Plastikhaube über den Wasserwellen ging an ihrem Gehwägelchen vorbei. Lämpchen an ihren Turnschuhen blinkten in roten Blitzern auf.

„Vielleicht müssen wir jemanden vorbeischicken", sagte der Mann. „Zur Kontrolle gewissermaßen, um den neuen Anstrich ..."

„Vielleicht lass ich es aber so. Ich mag Ultramarin."

„Vielleicht ist keine gute Antwort."

„Vielleicht ist mein Lieblingswort", sagte Arthur. „Nichts strahlt mehr Sicherheit aus als ein zuvorkommendes Vielleicht. Jesus zum Beispiel. Würde Jesus heute twittern? Vielleicht. Vielleicht aber auch nicht. Dinge nicht genau zu wissen, beruhigt mich ungemein. Und Ruhe ist Sicherheit. Verstehen Sie mich?"

„Vielleicht."

„Sie haben meine Frage beantwortet. Das ist fast ein Kompliment."

Als der Mann zu seinem Wagen ging, platschte es in seinen Schuhen. „Ich weiß, Sie mögen mich nicht. Aber damit kann ich leben", sagte er, hielt an und drehte sich um. „Das ist nichts Neues für mich. Aber am Ende werde ich gewinnen, und das allein zählt."

❉

„Wenn ich groß bin, werde ich schwul", sagte der kleine Junge.

„Mach das", antwortete seine Mutter. „Aber jetzt müssen wir in den Kindergarten, da warten große Aufgaben auf dich."

„Stimmt, da muss ich kämpfen. Den ganzen Tag."

Sie nahm ihn an die Hand und zerrte ihn über die Straße.

„Und du, Mama, du musst dann auch schwul werden. Dann darfst du auch tanzen, oben auf den Schwulenautos, beim Schwultag."

„Ich tanz, wo ich will – da muss ich nicht extra schwul werden."

Als sie ihren Sohn der Kindergärtnerin übergab und ihn zum Abschied küssen wollte, hielt er sich die Hand vor den Mund: „Heute nicht, Mama."

Sie reichte ihm seine Brotzeitdose und unter der Hand eine Windel für den Notfall.

„Brauch ich nicht."

„Man kann nie wissen, was der Tag so bringen wird", sagte sie.

„Was machst du jetzt, Mama?"

„Ich geh, und dann schau ich mir eine Hauswand an."

„Das ist langweilig doof."

„Genau."

„Darf ich mit?"

❉

„Cooler Laden", sagte Melitta und blickte auf die vielen Stoffballen in den Regalen, die gläsernen Schubladen, in denen Schrauben, Stifte, Kronen und Schieber aus Eisen sortiert waren. Auf die massive Werkbank aus Holz, auf die Schirmgestänge, die in verschiedenen Größen an einer Leiste baumelten. Und auf den uralten, mit Heftplaster zusammengehaltenen Kassettenrecorder, aus dem *The Best is Yet to Come* knisterte.

Cool. Womöglich kannte der Typ dieses Wort gar nicht. Woher auch. So einer war von einer anderen Welt – ohne High Fidelity, ohne Facebook, ohne Android Mobile. So einer war offline, in seiner guten Stube abgeschirmt von den Verstörungen des Surrealen. Wann sollte einer, der maßgefertigte Regenschirme herstellte, ein Wort wie cool gebrauchen? Oder würden seine Kunden, reiche Männer sicher, Päpste etwa, uralte Politiker, opiumsüchtige Herzöge, Fußballvereinspräsidenten, auf die das gemeine Volk Eier schmeißen könnte, oder Zuhälter, die Philosophen sein wollten, würden solch gewichtige Männer zu diesem Schirmemacher sagen, was für ein verdammt cooles Schirmchen er da zusammengeschustert habe?

„Ihr Chef war weniger angetan", sagte Arthur.

„Das glaub ich. Der ist auch von mir nicht sonderlich angetan. Zweimal bin ich in den letzten drei Monaten zu spät gekommen. Höchstens fünf Minuten. Ich hab einen kleinen Sohn, und ein kleiner Junge will nicht immer so wie seine Mutter. Na ja. Seitdem sagt mein Chef jedenfalls immer und nie. Immer komme ich zu spät. Nie bin ich pünktlich."

„Wer immer und nie braucht, hat keine natürliche Autorität", sagte Arthur. „Der hat kein Selbstbewusstsein."

Sie sah ihn an. „Stimmt genau. Und stellen Sie sich vor, der hat sein Foto größer machen lassen als die Fotos seiner Mitarbeiter. Im Jahresbericht. Das machen die einmal im Jahr, den Bericht für die Öffentlichkeit. Und da ist sein Foto immer das größte. Nur das letzte Mal, da haben die das eben vergessen. Wir waren alle gleich groß. Und so war es auch gedruckt. Das haben die dann eingestampft, sein Foto größer gemacht – und alles noch mal neu gedruckt. Dafür hätte man ein paar von Ihren Regenschirmen kaufen können, nicht wahr? Wer kauft denn bei Ihnen so einen Regenschirm, wenn ich fragen darf?"

„Alle, die ihn sich leisten wollen. Den hier zum Beispiel, den hat ein Schwimmmeister in Auftrag gegeben."

Er nahm ein langes Gestänge, auf das bordeauxroter Baumwoll-

stoff gespannt war, Stock und Griff waren aus einem Stück gebogenen Kastanienholz.

„Ein Schwimmmeister, der Angst hat, nass zu werden?“

Sie lachte. Ein ansteckendes Lachen. Er grinste.

Melitta kaufte die Kleidung für ihren Sohn auf dem Kirchenbazar, obwohl sie mit der Kirche nichts am Hut hatte. Sie gab für Kinderkleidung im Jahr vermutlich weniger aus, als einer von diesen Schirmen kostete. Womöglich zahlte sie sogar weniger Miete für ihre zwei winzigen WG-Zimmer. Als kleines Mädchen hatte sie in Brezen und in Kugeln Eis gerechnet, später in Margaritas und in Folge der Margaritas in Babywindeln. In Schirmen hatte sie nie gerechnet.

„Ein Mann braucht einen Schirm“, unterbrach Arthur ihre Gedanken. „Für sich, aber immer auch für die Frau an seiner Seite. Um sie richtig zu beschirmen. Um sie abzuschirmen und um sie unter dem Schirm zu küssen.“

„Mich hat noch keiner unterm Schirm geküsst. Ich trag aber auch immer ein Regencape, aus Kunststoff. Oder ich werde nass. Und das ist schön, das mag ich, Regentropfen auf meiner Haut.“

Er legte den Schirm zurück auf die Werkbank.

„Man muss den Schirm nicht aufspannen, wenn man nicht will.“

Sie zog die Augenbraue hoch.

„Und Frauen?“, fragte Melitta. „Kaufen die Ihre Schirme?“

„Frauen kommen kaum.“

„Warum?“

„Frauen wollen öfter was Neues“, sagte Arthur. „Die wollen sich nicht so festlegen, auf die Ewigkeit. Einen Schirm für immer, das wollen die nicht.“

„Ihre Schirme halten also länger als die meisten Ehen. Das heißt, dass ein Schirm von Ihnen in seinem Leben viele Küsse für viele Frauen abschirmen wird."

„Vielleicht."

„Hakt die Frau sich bei dem Mann unter, wenn er sie abschirmt, oder legt der Mann den Arm um sie?"

„Das hängt davon ab, ob sie Sex haben werden. Wie macht Ihr Mann das? Oder ist es Ihr Freund?"

„Mein Freund hat mich nie abgeschirmt, der hat sich abgeseilt."

Sie schubste die herunterhängenden Schirmgestänge, ließ sie hin und her pendeln.

„Würde Ihnen das Angst machen, mit einem Mann unter einem Schirm?", fragte Arthur.

„Ob mir das Angst machen würde?"

„Ja – oder haben Sie nie Angst?"

„Natürlich hab ich manchmal Angst, oft sogar."

„Wovor?"

„Dass ich diesen Job behalte, dass ich den Job nicht behalte, dass ich die Miete nicht mehr zahlen kann, dass ich nicht kapier, was richtig, was gut ist für meinen Sohn und für mich. Es ist mein erster Job, ich hab Jura studiert. Aber ich weiß manchmal nicht ..."

Sie würde einen Bericht schreiben müssen, über diesen Mann, über Ultramarin – oder war es Aquamarin? Und wen würde sie dann verraten? Ihn, sich?

„Ich hab auch oft Angst."

„Wovor?", fragte Melitta.

„Dass es nicht mehr regnet."

Er lachte, sie lachte.

„Gut. Ich muss jetzt gehen – finde ich“, sagte sie und ging zur Tür hinaus. Arthur folgte ihr.

Sie standen nebeneinander, vor der ultramarinen Mauer, jeder wartete, dass der andere Worte des Abschieds verkünden würde.

Im Laden nebenan gab es Zeitschriften, belegte Brötchen und vor dem Schaufenster ein großes Netz mit bunten Bällen.

„Haben Sie früher auch einen Spielball gehabt?“, fragte Arthur.

„Ich hatte sogar mal zwei Spielbälle – bevor ich gestillt habe. Jetzt hab ich statt Spielbällen Panna cotta.“

Er sah sie von der Seite an.

„Nichts gegen Panna cotta“, sagte er, „wenn die wackelt, geraten die Dinge des Lebens sehr schön in Bewegung.“

Sie wurde ein bisschen rot.

„Was?“, fragte er.

„Nichts.“

„Möchten Sie noch mal hereinkommen und die Hölzer anschauen? Die haben Sie noch gar nicht gesehen ...“

„Vielleicht“, sagte sie und lächelte kurz.

„Sehr schön“, sagte er und lächelte länger.

# Vorbildlich

„Kinder haben ein Recht darauf, mindestens so blöd zu sein wie ihre Eltern“, sagte Maxim.

Sein Vater saß neben ihm, drückte wütend auf die Hupe, als der Autofahrer vor ihm bei Gelb nicht mehr über die Kreuzung fuhr.

Der Abend hatte sich doch sehr schnell dem Ende zugeneigt.

❉

„Das Aroma der Cassisreduktion disturbiert mich“, hatte Maxim eine Stunde zuvor gesagt, als sie bei einem alten Schulfreund seines Vaters eingeladen waren. „Und der Wacholder ...“

Er müsse mitkommen, hatte sein Vater insistiert. Während Maxims Mutter rechtzeitig den Menstruationsbeschwerdenjoker aus dem Ärmel gezogen hatte.

Es gab fünf Gänge. Die beiden Kinder – Maxim und die Tochter des Gastgebers – saßen mit am Tisch. Mussten. Auf Etikette wurde großen Wert gelegt. Besteck von außen nach innen. Keine Soft Drinks. Keine Kontaktaufnahme mit fremden Knien. Kein Wort über Geschäfte oder aufgespritzte Lippen, auch nichts

Theologisches. Die Lautstärke des gesprochenen Wortes hatte sich der Lautstärke der Essensgeräusche anzupassen. Die Kinder durften nur reden, wenn sie dazu aufgefordert wurden.

„Und wie schmeckt es dir, mein lieber Maxim?", fragte der Gastgeber, der seit sieben Uhr in der Früh am Herd gestanden hatte, um sein Coniglio divino auf den abendlichen Abgang vorzubereiten.

„Der Wacholder drängt sich in den Vordergrund, und der Hase schmeckt ein bisschen abgehangen, wenn ich das so sagen darf", sprach Maxim wohlerzogen mit leiser Stimme, spitzte sein Mündchen und wischte die missratene Reduktion an der gestärkten Leinenserviette ab. „Außerdem wackelt der Tisch."

Was folgte, war verschwiegen. Die Köpfe der Erwachsenen versenkten sich in die riesigen Teller. Die Tochter des Gastgebers, ein, zwei Jahre älter als Maxim, öffnete kurz ihre Bluse, lächelte ihn freundlich an und offenbarte zwei Piercings durch ihre Brustwarzen – links ein Hammer und rechts eine Sichel.

Man würde ihn nicht mehr einladen, ihn nicht und seinen Vater auch nicht, das wusste Maxim und bedauerte es angesichts der ihm dargebotenen Aussichten.

❈

„Wie hast du das nur wieder so gut hinbekommen?", fragte sein Vater voll des Stolzes, als sie bereits auf dem Weg nach Hause waren. „Schlimmer hättest du nicht sein können."

„Ich hab es so gemacht wie du und wie Mama. Einer von euch beiden hat immer was zu zicken. In Sachen schlechtes Benehmen seid ihr meine absoluten Vorbilder."

Mit seinen Eltern ging Maxim aus Prinzip nicht weg. Es sei denn, er wurde dafür angemessen entschädigt. Die fünfzig Euro Gage hatte er sich von seinem Vater vorab geben lassen. Andernfalls würde der ihn jetzt herunterhandeln auf fünfunddreißig. Das hatten sie schon öfters gehabt, dieses Knausern. Das machte der bei Handwerkern genauso wie bei seinem eigenen Sohn.

„Maxim, du musst mir helfen. Das sind so nervige Leute. Immer wieder ruft der Alte an und fragt, ob ich nicht kommen will. Einmal geh ich da noch hin, aber dann muss das ein Ende haben. Endgültig. Und du hilfst mir. Bitte!", hatte sein Vater ihn bereits vor einer Woche angefleht.

„Mach mir ein Angebot", hatte Maxim geantwortet. „Eins, das ich nicht ablehnen kann."

Erst drei Stunden bevor der Abend seinen Höhepunkt erreichen sollte, war das Angebot des Vaters endlich vernünftig. Und gegen Geld hatte Maxim noch nie etwas gehabt. Auch dies eine Haltung, die ihn mit seinen Eltern verband.

„Du bist also so blöd wie wir?", wiederholte sein Vater und hupte erneut. Er hupte gerne und ohne falsche Bescheidenheit. „So blöd wie deine Mutter und ich?"

„So blöd wie du auf jeden Fall", sagte Maxim.

„Mach dir mal nichts vor, Kleiner", der Vater grinste fies. „Ich bin das Original und du nur eine Kopie."

# Die Andere Generation, der Praktikant und die Signora

Sie waren reichlich bisexuell und spielten einmal die Woche gegen eine andere Mannschaft. Gezählt wurde wie im Tennis: 15, 30, 40, Spiel, Satz. Während des Matches redeten sie nonstop. Sie waren frei von Ehrgeiz, schwach im Antrieb und gefräßig.

Mae West, die Jüngste, ein Deutsches Reichshuhn, sie trug ein platinblondes Federkleid, zeigte sich einsilbig und rebellisch zugleich, was die genetische Beteiligung eines Altenglischen Kämpfers befürchten ließ. Die beiden anderen nannten sie die Andere Generation. Hintenrum natürlich, weil sie feige, hinterfotzige Hühner waren.

„Du kennst Patti Smith nicht?", fragte die Signora boshaft. Die Signora war ein mopsiges Appenzeller Spitzhaubenhuhn im Leopardengewand und hieß eigentlich Gertrude Stein, weil der Bauer sie für klug, aber unvermittelbar hielt.

„Lebt der überhaupt noch, der Patti?", fragte die Andere Generation schnippisch zurück und hüpfte punkig auf und ab.

Die Signora blickte gemeingefährlich und bewegte sich dazu wie der sterbende Schwan – was edel aussah, bisweilen aber auch in die Hosen gehen konnte, da die dünnen Beinchen die Masse ihres Körpers nicht zu balancieren vermochten.

„Das war eine Frage aus dem musikalischen Hinterhalt", sagte der Praktikant, der nur ein Jahr jünger war als die Signora, doppelt so alt wie die Andere Generation und trotzdem von allen geduzt wurde. „Da muss die nicht drauf antworten."

Der Praktikant war ein Japanisches Seidenhuhn, schön, aber flugunfähig, hätte eigentlich ein Hahn werden sollen, war schwarz wie die Nacht und nannte sich selbst Black Beauty. Weil er so jung und unverbraucht aussah, Schlag hatte bei allen Geschlechtern und nie aus den Federn kam, hieß er bei den tierischen Hofbewohnern nur der Praktikant, auf den sie alle unverhohlen scharf waren.

„Hey, gib ab, du Tussi!", fegte die Andere Generation den Praktikanten an und gackerte ein Liedchen von Boysetsfire.

„Zu meiner Zeit gab's das nicht", zickte die Signora.

„Was?", fragte die Andere Generation.

„Boysetsfire. Da sag ich nur: Hardrock für Mädchen. Das gab's früher nicht. Früher war Hardrock noch Männersache."

Ein sanfter Windhauch trug die Flamingofeder zu der Signora, die, vollschlank wie sie war, der Feder mehr Aufprallfläche bieten konnte als die anderen. Und das ließ ihr Spiel gemütlich werden. Sie wippte ein bisschen ihre Wampe und ließ die Feder hin und her gleiten. Feder auf Federn.

„Huch", wisperte sie und wollte die Feder gar nicht mehr von sich lassen.

„Signora!", mahnte der Praktikant.

Die Andere Generation nahm Anlauf, flog über die Signora hinweg, nicht ohne ihr zuvor mit ihren gepiercten Krallen einen Rempler zu verpassen, und schubste die Flamingofeder von der Vollschlanken.

„Wer hat jetzt Aufschlag?", fragte die Jüngste und klimperte mit den Augendeckeln.

„Wenn ich es mir aussuchen könnte, dann wäre ich Patti Smith", sagte der Praktikant, unterbrach den Spielfluss, drehte sich im

Kreis und schlackerte lasziv mit seinen Popofedern. „Dann gehört die Nacht uns Liebenden."

Die beiden Damen sahen ihn zügellos an.

„Krass, gell", spitzte er sein Schnäbelchen.

Die Gruppenälteste pickte echauffiert Körner aus der Futterstation.

„Und, Signora, welche international relevante Showgröße wären Sie gerne, wenn es möglich wäre?", fragte der Praktikant.

„Obama", antwortete das Leopardenmoppelchen.

„Ach du Schande", sagte die Andere Generation, die aus Prinzip kein Blatt vor den Mund nahm. „Herr oder Frau Obama?"

„Egal, Hauptsache Obama."

„Und du?", fragte der Praktikant. „Wer möchtest du sein, wenn es anders auch ginge?"

„Gabi Delgado", sagte die Andere Generation.

„Was ist das?", fragte der Praktikant.

„Spanische Folkore oder Minnegesang aus der Renaissance", antwortete die Signora.

„Ihr kennt Gabi Delgado nicht?", fragte die Andere Generation. „Das ist eigentlich eure Zeit gewesen. Eure Generation. Gabi Delgado, einer der wichtigsten Gabis überhaupt."

❉

„Bei uns auf dem Hof machen wir Hahnenwettkämpfe, da geht es anders zu", sagte das Mädchen, dessen Hühner echte Krieger waren. „Eure Hühner sind zu tiefenentspannt. Die haben nicht die richtige Einstellung zum Wettkampf."

„Meine Eltern sind Pazifisten", sagte der Junge.

„Das sieht man ihnen gar nicht an", sagte das Mädchen.

„Man sieht es nicht, aber man hört es. Wenn ich nicht eingreifen würde, würden hier nur Frank Zappa und die Bay City Rollers laufen. Stell du dir mal vor, du wärst ein Huhn und müsstest den ganzen Tag dieses Hippie-Halleluja hören!"

„Tierquälerei!", sagte das Mädchen und hob mit einer Holzstange die „2" hoch auf die Spielanzeige. „Ich hab gewonnen. Aber hey: Mach dir nichts draus. Deine Hühner sind halt Weicheier."

Er sah das Mädchen betroffen an. „Wie das Huhn so der Herr?"

„Komm, Alter, chillen. Du bist nicht so. Nicht wie eure Hühner und schon gar nicht wie deine Eltern."

Mehr kann man vom Leben nicht erwarten, dachte er sich und trieb seine Weicheier zurück in den Hühnerstall.

Er war ein bescheidener Junge, ließ sich leicht verunsichern. Und auf seinem T-Shirt stand *Who the fuck is Mick Jagger?*

Ein stiller Rebell.

# In Libido

Sein Großvater ließ Schuppen springen.

Er selbst ließ Blut spritzen.

„Mist, verdammter, das sind vielleicht schlüpfrige Biester."

„Da, nimm meins, mit dem geht es besser", sagte der Großvater und reichte ihm sein Messer.

„Meinst du, dass ich die praktische Prüfung schaffe?", fragte Luis und schnitt den Fisch auf.

„Warum denn nicht?"

„Ich weiß nicht, und noch mehr graust mir vor der schriftlichen."

Schweigend nahmen sie die Fische aus und warfen die Abfälle in einen Eimer.

❊

„Bei uns passierte nichts Spektakuläres im Bett", sagte Franzi. „Bis ich in den Zeitschriften meiner Tochter blätterte. Da dachte ich mir, das könnten wir doch auch mal machen. Der Georg hat sich derart erschrocken. Ob ich einen anderen kennen gelernt hätte, wollte er wissen.

Mein Mann, das musst du wissen, hat sich als etwas anderes herausgestellt, als ich gedacht hätte. In meiner Generation gab es solche Überraschungen öfters. Aber es hat vielversprechend angefangen: Bei unserer Hochzeit hatte es geregnet ohne Ende. Und ich mit meinem schönen weißen Kleid. Eine Schleppe hatte es sogar. Statt den Regenschirm über uns aufzuspannen, lupfte er mit dem Griff mein Kleid hoch, damit es nicht schmutzig wurde und damit er meine Beine bewundern konnte. Das hat er dann auch gemacht, meine Beine angeschaut. Und dann hat er gepfiffen.

Und ich dachte, mit diesem Mann würde es bestimmt romantisch werden und ein bisschen freudenvoll, eigentlich möchte ich sagen: lustvoll."

„Lustvoll ist ein lustiges Wort", sagte Antonia.

„Aber lustig wurde es nicht", antwortete Franzi. „Wir hatten ja beide keine Ahnung."

„Ich hatte richtig Ahnung, meine Mutter war in solchen Dingen sehr präzise."

Die beiden Frauen grinsten vielsagend.

„Meinst du, sie schaffen die praktische Prüfung?", fragte Franzi.

„Ich hoffe", sagte Antonia. „Ich ess gerne Fisch."

Der Kellner kam, flambierte vor ihnen die Crèpes Suzettes und wünschte einen guten Appetit.

Und mit gutem Appetit aßen sie ihre Crèpes.

„Schmeckt gut", sagte Antonia.

„Sehr gut", sagte Franzi.

Antonia wischte sich den Mund an der Papierserviette ab und sah Franzi an.

„Und jetzt berätst du also ältere Frauen in Sachen Sex."

„Ja. Das denkt man gar nicht, wenn man mich so sieht. Ich bin keine, die sich gerne aufbrezelt, aber Spaß haben will ich trotzdem. Und die Arbeit macht mir Freude", sagte Franzi. „Ich musste mir natürlich vieles erst beibringen. Ja. Und wie soll ich sagen: Es ist für eine reifere Dame doch angenehmer, wenn da keine Zwanzigjährige ist, die mit ihr über die diversen Möglichkeiten und so redet."

„Und die diversen Möglichkeiten sind da drin?", fragte Antonia.

„Ja, ich komme gerade von einem Beratungsgespräch."

Antonia sah sehnsüchtig auf den fliederfarbenen Rollkoffer.

Franzi hob ihn auf die Bank und öffnete ihn.

„Das zum Beispiel ist ein Bauchschmeichler", erklärte sie. „Den mögen alle recht gerne. Der ist auch einfach zu handhaben. Für die Männer. Das muss man immer ein bisschen bedenken. Die Feinmotorik der Männer."

„Kennt man ja, dieses Dilemma."

Franzi breitete ihre Schätze diskret auf der Bank aus. Männerhandschuhe mit kleinen Kügelchen, die sich aufwärmten, klingende Brustschalen, diverse Rollstäbe und Dinge, denen man nicht wirklich ansah, wofür sie bestimmt waren.

„Da hat der Georg ja mordsmäßig Spaß mit dir", sagte Antonia.

Franzi lächelte verlegen.

Sie sieht schön aus, wenn sie so lächelt, dachte Antonia.

„Wie lange seid ihr jetzt schon verheiratet? Du und Luis. Ein Jahr?"

„Ja, fast ein Jahr, und kennen gelernt haben wir uns vor fünf Jahren", Antonia lachte. „Dein Enkelsohn ist mein einziger Mann gewesen. Bisher."

„Und sein Großvater ist mein einziger Mann gewesen. Bisher."

„Bisher."

„Bisher", sagte Franzi und räusperte sich.

Antonia lächelte.

„Wie habt ihr zwei euch eigentlich kennen gelernt? Du und mein Enkel?"

❈

Luis war zwei Meter über ihr gestanden, auf dem Balkon, hatte sich über die Brüstung gelehnt, heruntergeschaut und einen riesigen Strohhut gesehen, unter dem zwei Füße hervorlugten. Und auf den Füßen waren tätowierte Blümchen.

„Hey, Süße", hatte er gepfiffen und gefragt, ob man sie auch pflücken könne.

Da hatte Antonia nur spöttisch hochgesehen und gesagt, wenn sie einen Gärtner bräuchte, würde er ganz bestimmt nicht in Frage kommen.

Auf Grund mangelnder Erfahrung war Luis im Umgang mit Zurückweisungen ungeübt und setzte seinen Eroberungsfeldzug frohen Mutes und ungetrübt fort. Und Antonia erbarmte sich seiner, ging mit ihm zu literarischen Veranstaltungen, ging mit ihm zum Friseur und ging mit ihm von Zeit zu Zeit ins Bett.

❈

Noch bevor die Hummerschwänze auf den Tisch gekommen waren, hatte sie ihren Slip ausgezogen, ihn Luis in die Hand gedrückt, mit dem rechten Mittelfinger war sie kurz zwischen ihren Beinen unter- und dann wieder aufgetaucht.

„Das ist mein Amuse-Gueule für dich", sagte Antonia und hielt ihm den Finger vors Gesicht.

Luis wusste nicht, was ein Amuse-Gueule war, aber er leckte daran, was Antonia erfreute.

Auf einmal jedoch stand ihr Vater neben ihr, riss Luis das Höschen aus der Hand, packte seine Tochter am Arm und zerrte sie wutentbrannt aus dem Lokal.

„Du bist ein elendiger Spießer", sagte die Ehefrau des Vaters spätnachts und schickte den Gatten zum Schlafen auf die Wohnzimmercouch.

Während Antonia in ihrem Bett lag, Rotz und Wasser heulte und den Vater in Gedanken eine unerträgliche Arschgeige nannte.

❉

„Tu mir einen Gefallen. Spar dir das!", hatte Luis gesagt, als sie sich Monate nach dem verpatzten Festmahl wiedertrafen.

„Was?", fragte Antonia.

„Schalt den Flirtmodus einfach ab. Das nervt. Ich mag das nicht, wenn Frauen mit ihrer Stimme ganze Oktaven höher gehen, weil sie einem Typen gefallen wollen. Wenn sie auf Weibchen machen. Das ist völlig unerotisch. Und ich weiß auch gar nicht, woher du das hast. Das letzte Mal, als wir uns gesehen haben, warst du völlig normal. Normal, aber verdammt scharf."

„Darf ich jetzt bitte auch was sagen?"

„Ja", sagte Luis.

„Ich lass mir keine Vorschriften machen von einem, der nicht in der Lage war, meinem Vater zu sagen, dass er sich verpissen soll."

Trotz gewisser Differenzen kamen sie erneut zusammen. Und gewöhnten sich mühsam schlechte Gewohnheiten wieder ab.

❉

„Das hab ich von Omi", sagte Luis, als er seiner Frau zum ersten

Hochzeitstag eine kleine Dose tantrisches Lippenkosmetikum schenkte.

Antonia schenkte ihm eine Dose portugiesische Sardinen.

„Können wir uns eines versprechen?“, fragte sie, die nackt, aber in seinen neuen Anglerstiefeln neben ihm auf dem Bett lag.

„Was?“

„Können wir uns darauf einigen, dass unsere Geschenke nie dieses Niveau überschreiten werden?“

*

Seit einer Stunde standen sie an dem Gebirgssee in 2000 Meter Höhe und warteten, dass einer anbiss.

Kuhglocken läuteten, die Sonne glühte in der Abenddämmerung, in der Ferne hörten sie ihre Frauen miteinander reden und immer wieder laut lachen.

„Darf ich dir als dein Großvater eine persönliche Frage stellen?“

„Nur zu“, sagte Luis.

„Bin ich für die sexuelle Revolution zu alt?“, fragte Georg.

„Das weiß ich nicht, aber ich bin auf jeden Fall noch zu jung dafür.“

Ihr Blick war mit den Angelschnüren verschmolzen. Aber am Ende der Schnüre tat sich nichts.

Der Großvater genehmigte sich einen Schnupftabak. Als er laut nießen musste, kam durch die Erschütterung kurz Bewegung in seine Angelschnur.

„Gesundheit“, sagte sein Enkelsohn.

„Danke.“

„Revolution, wollen das nicht eher die Frauen?“, fragte Luis.

„Du sagst es.“

„Ist es anstrengend?“, fragte der Enkel. „Zu Hause mit der Rebellin.“

„Beim Angeln ist es entspannter“, sagte der Großvater.

Sie lachten.

„Mach halt mit, solange es dir Spaß macht.“

„Macht es dir immer Spaß?“, fragte der Großvater.

„Nicht jeden Tag, aber immer noch oft genug.“

❈

„‚In meinem Schlafzimmer mach ich keinen bengalischen Flip-Flop, ich nicht‘, hat der Georg gesagt.“

Antonia lachte.

„Was das ist, erklär ich dir später“, sagte Franzi und legte die Würstchen auf den Grill.

„Wenn sie einen erwischen, können wir den ja auch noch grillen“, sagte Antonia und öffnete die Weinflasche.

„Die fangen keinen Fisch mehr. Heute ganz bestimmt nicht. Irgendwann vielleicht. Aber heute niemals. Die kommen jetzt bald, dann essen sie alle Bratwürstchen, trinken ein Bier nach dem anderen. Und der Georg wird dann Räubergeschichten erzählen. Stundenlang. Das macht er immer, wenn er getrunken hat.“

„Nach so vielen Jahren weiß man, wie sie ticken“, sagte Antonia.

„Wie man’s nimmt“, sagte Franzi, „dass er sich so aufregt über meine Arbeit, hätte ich nicht gedacht.“

„Stimmt. Er hätte sich ja auch freuen können. Mehr Halligalli in der Horizontalen ...“

❈

„Damenspielzeug? Das verkaufst du jetzt also“, hatte Georg gesagt, als Franzi sich ein Jahr zuvor als Vertreterin selbstständig machte.

Und ob sie ihn denn verlassen wolle, wenn er nicht jeden neuen Puschelwuschel mit ihr teste, bevor sie ihn für markttauglich erkläre.

Sie würde ihn nicht verlassen, weil er die Liebe ihres Lebens sei. Aber sie sei eine unglückliche Ehefrau, sagte sie.

„Und wenn ich das nicht kann, diese Sachen?", fragte Georg. Da setzte sich Franzi neben ihn auf die Couch und schaltete den Fernseher aus: „Darum geht es doch nicht. Wir müssen nichts können, aber wir dürfen es uns doch gut gehen lassen."

Seitdem zogen neue Gewohnheiten in ihrem Schlafzimmer ein, die ihm nicht immer missfielen, seitdem ärgerte er sich, wenn Franzi im Kühlschrank ihre Massagebalsams aufbewahrte und seine Köder ins hinterste Eck verdrängte. Aber als seine Frau ihm eines Tages sagte, dass es mit ihm am besten im Bett sei, war Georg stolz.

❊

„Jahrelang saß der arme Mann unschuldig im Kerker", sprach Georg, und das nicht ohne Pathos. „Spindeldürr wurde er. Seine vielen Frauen hatten ihn längst vergessen und betrogen. Aber seine fünf Kinder warteten ..."

Die Geschichte sollte noch ein Weile dauern, der Räuber blieb im Knast und die Pointe aus. Aber schließlich lagen der Großvater und sein Enkelsohn schnarchend in ihren Schlafsäcken.

Franzi und Antonia betrachteten den Sternenhimmel.

Als sie eine Sternschnuppe sah, wünschte sich Antonia, dass sie und Luis den bengalischen Flip-Flop mindestens so gut hinbekommen würden wie die Großeltern ihres Mannes.

„Es ist schön", sagte Franzi.

„Ja, es ist richtig schön", sagte Antonia.

# Madame

„Ich hab mit einer Taube getanzt."

„Rumba oder Discofox?"

Miran nahm einen Schluck von dem Genmai Kukicha. Als er ihn das erste Mal in dem japanischen Lokal bestellte, meinte der Besitzer, dass ein Tee mit gerösteten Reiskörnern nicht das richtige Getränk für ihn sei. „Zu speziell." Erst viele Besuche später konnte Miran ihn überzeugen, und sie wagten einen Versuch.

„Es war Madame, ich hab mit Madame getanzt", sagte er und stellte die Tasse zurück.

Die Augen seines Bruders füllten sich mit Tränen.

❊

Was die Leute in dem Gebäudekomplex arbeiteten, wusste Miran nicht. Es war ihm auch egal.

Er putzte hier in dem riesigen Foyer, fuhr mit einem Reinigungswagen über die dunklen, quadratischen Bodenplatten. Eine einzige lange Spur brauchte er, nie durchbrach er sie. Mal fing er kreisförmig von außen an, mal von innen, er arbeitete in zwei

Hälften oder in geraden Linien auf und ab. Und am Schluss kam er exakt neben der Startposition wieder an.

Miran und das Putzmobil waren ein eingespieltes Team, es gab kein affektiertes Beschleunigen, keine riskanten Manöver. Das Putzen war ein stiller, ruhiger Fluss.

In der Mitte des Foyers stand unter einer Kuppel eine zwanzig Meter hohe Lichtsäule aus vielen hauchdünnen Glasplatten, die wie eine Spirale nacheinander nach unten kippten, aufleuchteten und sich dann wieder nach oben drehten. Erstrahlte die unterste Platte, sprang ein gläserner, jedes Mal in einer anderen Farbe leuchtender Stabhochspringer hoch und brachte die oberste Lichtplatte zum Kippen.

Es kam Miran vor, als ob er in einer Weltraum-Disco arbeitete. Meistens sang er vor sich hin. Und meistens war es Reggae. Drogen nahm er nicht mehr, auch Alkohol trank er keinen mehr. Er war achtsam geworden, aber Bob Marley treu geblieben.

Zusammen mit Darko, seinem jüngeren Bruder, hatte er einen Schallplattenladen eröffnet, dort gab es einerseits ausreichend Damenbesuch, andererseits aber zu wenig Einnahmen, weshalb beide nebenher jobben mussten.

„I wanna love you ...“, Miran fuhr seine Bahn und sang leise: „I wanna love you and treat you right ...“

Da ist sie vor ihm, sitzt mitten auf seiner Bahn, sieht ihn von der Seite an. Eine weiße Taube, nicht spektakulär schön, aber von Anmut. Wie Madame.

❊

Madame hatte einen Verleih für Ruderboote gehabt. Das war in einem anderen Land, in einem anderen Leben gewesen. Alle hatten sie geliebt. Ihr Mann, die Gäste, die Kinder. Ihr Mann nannte sie „Täubchen“, sein Täubchen mit dem zarten, verträumten Gesicht, dem Kurzhaarschnitt und den weißen knielangen Spitzenkleidchen, die sie immer trug, so als ob sie jeden Tag Hochzeit spielen wollte. Alle anderen nannten sie Madame. Und selbst als der Krieg nicht mehr zu überhören war, blieb Madame ein Täubchen. Schaute von der Seite, beobachtete aus den Augenwinkeln heraus die anderen, was die gerade anstellten.

Im Sommer gingen Miran und Darko schon frühmorgens zu Madame, weil sie vor der Schule im See schwimmen und von dem hölzernen Sprungturm ins Wasser springen wollten. Wenn sie aus dem Wasser kamen, hatte ihnen Madame einen Teller mit Marmeladenbroten und einen Krug mit heißem Kakao auf den Holztisch vor ihrem Haus gestellt.

Die Eltern sahen es nicht gerne, dass die beiden Brüder allein zum See gingen, sie schimpften und sagten, dass das gefährlich sei. Madame würde auf sie aufpassen, sagte Miran, und Darko meinte, dass Madame Marmeladenbrote und Zauberkakao für sie zubereite und deswegen seien sie unverwundbar.

Als sie eines Tages wieder heimlich zum See liefen, rochen sie es schon von Weitem: verbranntes Holz. Die Ruderboote und die Anlegestelle waren verkohlt. Der Sprungturm mitten im Wasser brannte noch, bevor er in sich zusammenfiel. Auf dem Boden vor dem Haus fanden sie Scherben von ihrem Kakaokrug. Madame und ihr Mann waren nicht mehr zu erkennen.

❉

Die unspektakuläre Taube sieht Miran von der Seite an, bewegt sich keinen Millimeter.

„Madame“, sagt er und hält den Putzwagen an.

Sie hüpft weiter, er fährt ihr hinterher, kommt von seiner Spur ab. Sie dreht sich von ihm weg, er umkreist sie. Sie bleibt stehen, er bleibt stehen. Sie fliegt auf ihn zu, flattert um ihn herum. Mal von links, dann von rechts. Landet auf einem Quadrat, hüpft zum nächsten. Reckt den Kopf hoch, lässt ihn nach unten sinken. Verweilt in Ruhe.

„We'll be together with a roof right over our heads", singt Miran weiter, und sie sieht ihn wieder von der Seite an. Hüpft hin und her, fliegt auf ihn zu und landet auf dem Lenkrad. Er wird sie nicht berühren, sie soll auf ihn zukommen.

Er hört auf zu singen, als Madame davonfliegt, sich auf den Kopf des Stabhochspringers setzt und mit ihm hoch zur Kuppel des Foyers schwebt. Oben flattert sie aufgeregt umher, um sich dann kopfüber herunterzustürzen. Kurz vor dem Boden zieht sie nach oben, fliegt auf Miran zu und lässt sich auf seiner ausgestreckten Hand nieder.

Miran steigt von seinem Putzmobil, geht langsam zu der großen Drehtür.

„Ganz ruhig, Madame, da müssen wir durch, und dann ..."

Als sie im Freien sind, bleibt sie noch einen Moment auf seiner Hand, bevor sie wegfliegt.

Er sieht ihr hinterher, lächelt. „No woman, no cry", singt er.

❉

Miran nippte an seinem Genmai Kukicha. „Ich hab sie wirklich gesehen. Ich hab Madame gesehen. Und wir haben getanzt."

Darko weinte still die Tränen, die er irgendwann für sich behalten hatte, damals als die Eltern spurlos verschwunden waren. Als alle Häuser im Dorf brannten, als er mit seinem großen Bruder flüchtete. Als der zu ihm sagte, dass sie sich seine Heulerei jetzt nicht leisten konnten, und ihm eine knallte, als er trotzdem wieder anfing zu weinen. Und ihn noch öfters schlug, bis Darko es verstanden hatte und die Tränen herunterschluckte. Und als es kalt wurde in der Nacht, hatte Miran seinen Pullover ausgezogen und ihm gegeben.

„Weißt du noch, wie Madame beim Tanzen so wippte, als ob sie gleich hüpfen wollte, und immer auf Abstand, immer für sich, den Kopf zur Seite?", fragte Darko. „Und dann diese französischen Chansons. Kein Wort hab ich verstanden."

„Keiner hat ein Wort verstanden."

„Ich war damals in Madame verliebt."

„Alle waren in Madame verliebt", sagte Miran.

„Nicht alle, sonst hätten sie sie nicht getötet."

Als Darko nicht aufhörte zu weinen, brachte ihm der Japaner ein Kännchen Genmai Kukicha.

„Das ist ein Kompliment", sagte Miran und trocknete mit den Händen die Tränen auf den Wangen seines Bruders.

# Gefährten

„Ja hallo", sagte er.

Die Leitung knackste.

„Hallo?"

„Ja. Hier ist Simon Simoniczek, ich ruf an wegen der Soffitte. Die ist jetzt da."

„Das ist schön, aber ich brauch keine Soffitte."

„Erst wollten Sie sie, und jetzt wollen Sie sie nicht mehr?"

„Ich wollte noch nie eine Soffitte."

„Sie sind ja eine ..."

„... eine, mit der Sie falsch verbunden sind."

So kamen sie ins Gespräch. Pepita Bergmansdorfer erzählte irgendwann, dass sie ein bisschen Esperanto sprach, aber weder ein Handy noch eine E-Mail-Adresse besaß. Simon Simoniczek verschwieg, dass er von beidem mehrere hatte. Er erzählte, dass eine kaputte Vespa wieder auf Touren zu bringen für ihn zu den schönsten Dingen des Lebens gehörte. Wenn sie Fremdluft geschnuppert hatte, nicht mehr zündete zum Beispiel, dann musste man den Dichtungsring vom Ansaugstutzen austauschen. Sie verschwieg, dass sie schon beim Fahrradfahren Angst hatte. Simon Simoniczek sah aus dem Schaufenster der Werkstatt auf Vespas in allen Farben und Formen. Oder auf die halbnackte Reklameschönheit, die sich vor ihm im Schatten einer Vespa auf dem Strand räkelte. Pepita Bergmansdorfer sah auf die Wäsche, die auf dem Wäscheständer trocknete. Eine Cousine hatte ihr italienisches Waschmittel aus dem Urlaub mitgebracht. Mit Marsiglia. Das sei das einzig Wahre, hatte die Cousine gesagt. Und Wäsche verträgt Wahrheit, befand Pepita Bergmansdorfer. Marsiglia. Das klang bezaubernd. Aber ein Schwups zu viel Marsiglia, und der Geruch verstörte das Gemüt.

„Was ist Marsiglia?", fragte Simon Simoniczek.

„Kernseife."

„Marsiglia klingt besser."

Pepita Bergmansdorfer lachte.

„Sollen wir uns mal treffen?", fragte Simon Simoniczek.

Pepita Bergmansdorfer hörte auf zu lachen: „Das würde den Rahmen unseres nicht bestehenden Verhältnisses überschreiten."

„Anrufen?"

„Ich telefonier nicht gerne", sagte Pepita Bergmansdorfer.

„Das hab ich gemerkt."

„Das hier ist die Ausnahme."

„Briefe?", fragte Simon Simoniczek.

„Postkarten!"

„Sehr schön."

„Was sollen wir uns schreiben?", fragte Pepita Bergmansdorfer.

„Was Vernünftiges."

„Oder was Unbedachtes, irgendwann.“

So fing es an.

❋

Um etwas Vernünftiges zu finden, suchte Simon Simoniczek im Internet des Firmencomputers. Und Pepita Bergmansdorfer im Inneren von Glückskeksen. Er schrieb auf Postkarten, die man in Kneipen mitnehmen durfte. Sie kaufte Postkarten. Er ließ ihre überall herumliegen. Sie legte seine in ein Kästchen.

*Was soll ich ohne Sie anfangen? – Warum kommen Sie nie auf die Idee, etwas mit mir anzufangen?* Für eine erste Postkarte war das forsch. Andererseits hatten sie a) schon telefoniert, b) war sie nicht auf den Mund gefallen und c) war er keiner von den Gefühligen, wenn man einmal davon absah, dass Vespafahrer per se sich dem Rationalen nicht sonderlich verpflichtet fühlten.

Für Pepita Bergmansdorfer war seine Postkarte eine latente Einladung in die Horizontale, und die Horizontale war nicht ihre Richtung. *Sind Sie allein? – Ist das nicht jeder?* Stand auf ihrer ersten Postkarte, einer Schwarzweißansicht von Gabicce Mare – Hotel Lidia.

Sie war vermutlich doch schon älter oder nostalgisch oder beides, kam viel herum und war eine von den Nachdenklichen. So etwas konnte anstrengend werden – oder mit viel Glück auch anregend. *Manche Leute denken an Selbstmord, wenn sie verzweifelt sind. Ich denke anders. Ich denke an Mord.* Damit gab Simon Simoniczek auf der Rückseite einer Werbekarte für Essiggurken eine klare Linie vor.

Der konnte genauso gut auch ein Wahnsinniger sein, befürchtete Pepita Bergmansdorfer. Und ausgerechnet so einem hatte sie ihre Adresse gegeben. Womöglich hatte er einschlägige Erfahrung mit geschlossenen Einrichtungen. Nichtsdestotrotz reagierte sie: *Akzeptiere mich, wie ich bin. Nur so können wir uns gegenseitig entdecken.*

Das wiederum machte ihm Angst. Das klang nach Arbeit. Diese Karte bedurfte einer pragmatischen Antwort. *Was ist ein Mensch? Ein Wesen, das seinem Partner beim Sex in die Augen sieht, seine Angehörigen bestattet und fähig zur Freundschaft ist.*

Er war also ein Realist, und das stimmte sie milde. Ein Realist mit einer Tendenz zum Wahnsinn. *Wenn man nicht aufgibt, hat man nie verloren.* Schrieb sie.

Sein Kommentar lautete: „Wäre das wirklich wünschenswert?“, und er ergänzte seine Frage im Romantischen: *Ich setzte den Fuß in die Luft und sie trug.*

Das war ein Herzberührer, der sie kurz aus dem Konzept brachte. *Das Streben nach Vollkommenheit macht manchen Menschen vollkommen unerträglich.* Sie kam vom Thema ab, drückte sich mit dieser Wahrheit ums Nettsein, schaffte Distanz, atmete tief durch und hoffte, wie jedes Mal zuvor, dass er ihr wieder schreiben würde.

So wie er sich jedesmal freute, wenn er eine Karte von ihr bekam. Aber fürs Alter hatte er andere Pläne als eine Postkarten-Romanze.

Seine letzte Karte schnitt Simon Simoniczek aus einem Stück Schuhkarton, malte eine Vespa darauf, links ein Männerbein in Jeans und Turnschuh, rechts eine hochgekrempelte Jeans und einen Damenfuß in einer Sandale. Auf die andere Seite schrieb er, dass ihm in der Werkstatt manchmal die Decke auf den Kopf fiel, und wenn dann jemand anrief, würde er die Leute regelrecht belabern.

Pepita Bergmansdorfer antwortete in einem Brief, dass sie nachts manchmal Angst hatte, dass die Nägel in der Wand das Gewicht der Bilder und der Spiegel nicht mehr halten könnten, dass sich einer nach dem anderen aus der Mauer lösen würde und dass sie frühmorgens dann über ein Meer aus Scherben laufen müsste. Dass sie in der Arbeit immer vielen Menschen begegnete, schrieb sie auch, aber nach Feierabend sei ihr Leben zu still. Und dass sie jetzt so weit wäre: Sie würde ihn gerne treffen, würde mit dem Zug kommen. Und er solle bitte auf sie warten, Gleis 1, am ...

❉

Nur wenige Zuggäste stiegen aus, der Zugführer rauchte eine halbe Zigarette, die Schaffnerin pfiff. Die Türen schlossen sich.

Fünf Tage wartete Simon Simoniczek vergebens. Die Uhrzeit hatte er sich gemerkt: 17:41, Gleis 1. Es gab nur zwei Gleise. Die Gleise wären also nicht das Problem gewesen. Aber beim Datum war er sich nicht mehr sicher. Und ihr Brief lag irgendwo und nirgendwo.

Fünfmal stand er auf dem Bahnsteig vor dem Gleis eins. Neben seiner blauen Vespa. Er schleckte Eis am Stiel. Er hielt eine Blume in der Hand. Er las den Sportteil einer Zeitung. Er löste ein Sudoko für Anfänger.

Zuggäste stiegen aus, Zuggäste stiegen ein. Wie an den Tagen zuvor. Der Zugführer rauchte. Die Schaffnerin pfiff.

Am fünften Tag kam er mit dem Kioskbesitzer ins Gespräch. Grob gesehen ging's um die Liebe und um das richtige Mischverhältnis von Öl und Benzin.

„Wenn das nicht stimmt, kann's dich auf gerader Strecke hinschmettern", sagte Simon Simoniczek.

„Hat's dich schon mal hingeschmettert?", fragte der Kioskbesitzer. „Auf deiner Vespa?"

„Nie."

„Mit einer Frau?"

„Das lässt sich nicht vermeiden", antwortete Simon Simoniczek.

Am sechsten Tag trällerte der Zugführer mit der Pfeife, die Türen schlossen sich, und die Schaffnerin blieb auf dem Bahnsteig stehen, in ihrer engen Weste, den grauen Hosen, der weißen Bluse, mit ihrem Haarturban aus Afrolocken.

Sie legte die Hände auf die Hüften.

Simon Simoniczek setzte sich auf seine Vespa, ließ den Motor an und fuhr bis zum Kopfende des Bahnsteigs. Zwei Meter vor ihr bremste er. Als er den Ständer heruntertrat und die Vespa hochziehen wollte, rutschte er aus, fiel hin und die Vespa auf ihn.

Pepita Bergmansdorfer zündete sich eine Zigarette an, nahm einen Zug, blies den Rauch aus und sah auf ihn herunter.

Er fand sie angenehm schön.

„Ja hallo“, sagte sie.

# Hut ab

*Lieber Bub*

*Nimm diese Uhr, Du hast sie Dir redlich verdient, und verkaufe sie. Die Zeiten sind unangenehm und Du wirst das Geld wohl brauchen. Hab herzlichen Dank für Deinen Anstand und für Deinen Mut. Ich weiß nicht, ob ich mich das getraut hätte, was Du für mich gemacht hast. Pass gut auf Dich auf. PS: Das Brot nimmst Du wieder mit und gibst es Deiner Familie.*

Auf dem Küchentisch hatte der Brief seinerzeit gelegen, neben der Taschenuhr. Er hatte das Brot abgelegt und die Nachricht gelesen. Was PS bedeutete, wusste er damals noch nicht. Das weiße Zifferblatt hatte bei der 7 und der 10 einen Sprung. Aber die Uhr war schön. Bestimmt sehr wertvoll, dachte er sich. War er doch ein Doktor, der Besitzer. Im Innern der Uhr eingraviert stand „Medaille D'Or Milan 1906. Hors Concours Liege 1905. Membre Du Jury Paris 1925. Ancre De Precision. 15 Rubis". Das verstand er noch weniger. Neun Jahre alt war er, die älteren Brüder an der Front, er selbst ein Schulbub.

„Kannst du vor der Schule noch wohin gehen und jemandem Brot bringen?", hatte ihn ein Onkel gefragt. Ihm gehörte eine Bäckerei, er war der Fußballtrainer für die Kinder, hatte ein Glasauge und musste deshalb nicht in den Krieg. „Du darfst dich aber nicht erwischen lassen.“ Es wäre ein Herr Doktor, ein richtiger Akademiker, hatte der Onkel noch gesagt.

Er hatte es gemacht, weil Krieg war und weil er dachte, dass doch ein jeder Brot brauchte. Auch ein Akademiker, wobei er nicht wirklich wusste, was ein Akademiker eigentlich machte. Die Tüte mit dem Brot legte er immer vor die Wohnungstür ohne Namensschild im vierten Stock, so wie es der Onkel ihm angeschafft hatte.

Eines Tages, es waren schon einige Wochen vergangen, stand die Wohnungstür offen. Unsicher trat er ein, nachdem er mehrmals geschellt hatte.

„Das Brot bring ich“, sagte er in der Diele, bekam aber keine Antwort. „Grüß Gott, Herr Doktor, ich bring das Brot.“

Er ging von einem Zimmer zum nächsten, bestaunte die Möbel, die Lüster, die Gemälde und sagte immer wieder: „Herr Doktor, ich bring das Brot.“

So eine Wohnung hatte er zuvor noch nie gesehen. Allein die Küche war schon größer als bei ihm zu Hause alle Zimmer miteinander. Auf dem Küchentisch lag die Taschenuhr. Daneben der Brief. Mit dem Zeigefinger fuhr er über das Gehäuse der Uhr.

Im Badezimmer fand er ihn schließlich. Er hing an der Zimmerdecke. In einem guten Anzug. Den Kopf in einem Seil. Das Seil an einem Balken. In einem richtigen Badezimmer mit Wanne. Bei ihm daheim gab es kein Badezimmer, sondern ein Waschbecken in der Küche und eine Toilette draußen auf dem Flur, die man sich mit den anderen Mietern teilen musste.

Er lief zurück in die Küche, steckte die Uhr ein und den Brief und rannte schnell davon. Das Brot vergaß er.

Erzählt hatte er keinem was, von dem toten Akademiker, der großen Wohnung, der Badewanne. Am Nachmittag war er zum Fußballspielen gegangen. Ein Tor nach dem anderen hatte er kassiert. Als er zu weinen begann, hatte der Onkel ihm eine Ohrfeige verpasst.

❉

„Ich hab mich nie wohl gefühlt in einem Badezimmer. Als wir nach dem Krieg unser erstes Badezimmer mit Wanne bekommen haben, da hab ich mich geweigert, mich in der Wanne zu waschen. Die Mutter hat natürlich gedacht, das ist, weil ich ein Bub bin und weil alle Buben Schmutzfinken sind ..."

Der alte Mann sah seinen Sohn an.

Der Sohn gab ihm den vergilbten Zettel zurück. „Weißt du, wer der Akademiker war?"

„Nein. Kinder haben damals keine Fragen gestellt."

Sie saßen nebeneinander auf der Holzbank vor dem kleinen Haus, blickten auf den Garten mit den alten Bäumen, auf die der Sohn als Kind immer geklettert war.

Rechts und links waren Mietshäuser dazugekommen. Da war der Sohn längst aus dem Haus. In eine andere Stadt gezogen. Die Kinder aus den neuen Nachbarhäusern waren zum Spielen oft in den Garten gekommen.

Als er ins Altersheim ging, stellte der Vater den Anwohnern der anderen Häuser sein Grundstück gegen eine geringe Pacht zur Verfügung.

Eine Kinderecke hatten die Eltern gebaut, mit Sandkasten, Rutsche und Schaukel. In den Zaun kam rechts und links eine zusätzliche Tür. Auf einer Kräuterspirale wuchsen vier verschiedene Basilikumsorten und anderes dazu. Salat, Tomaten,

Bohnen wurden angepflanzt. Zwischen den Bäumen hing eine Hängematte. Sogar einen Pizzaofen gab es, eine geschmackvolle Lounge-Ecke für den Sundowner, einen Komposthaufen. Und Pfingstrosen.

Ein Roboter, der alte Mann hatte ihn seinerzeit gekauft, mähte regelmäßig den Rasen.

Sein Vater hätte das Grundstück gegen horrend viel Geld verkaufen können. Keine Frage. Man hätte ein weiteres Mehrfamilienhaus zwischen die anderen gequetscht. Es wäre für einige eine rentable Angelegenheit gewesen. Der Garten wäre natürlich futsch gewesen.

„Das sind alles anständige Familien hier. Alle sehr gebildet. Die essen gesund. Die Kinder lernen ein Musikinstrument", sagte der Vater. „Da hört man kein böses Wort. Heute gehen die Eltern schon sehr nett mit den Kindern um. Ganz anders als früher. Achtsamer sind sie. Mit sich und mit ihrer Umwelt."

Die Männer schlugen ihre Frauen nicht, die Frauen fuhren einen Hybrid, und regelmäßig redeten sie über ihre Gefühle, dachte der Sohn, die Dinge hatten sich in der Tat massiv geändert.

„Bei denen sagt keiner scheiße. Das ist jetzt ein besseres Viertel geworden."

„Sparsam eingesetzt, ist scheiße unverzichtbar", sagte der Sohn und legte seine Hand auf das Knie des Vaters.

„Geh", sagte der alte Mann und gab ihm einen Euro, „frag die, ob sie ein Bier übrig haben."

„Die geben dir hier kein Bier aus? Die sind doch fast so was wie eine Familie für dich geworden."

„Ich hab mein Bier immer selbst bezahlt. Immer. Und meine Familie bist du."

Es war ihr letzter gemeinsamer Besuch, dort, wo er aufgewachsen war und wohin ihn nichts mehr zurückzog.

❋

Übrig geblieben waren von seinem Vater ein Grundstück mit einem winzigen Häuschen, eine Taschenuhr und die Geschichte eines Schulbuben im Krieg, der einem fremden Mann heimlich Brot gebracht hatte.

Er setzte sich an den Computer seines Vaters, der ein sehr technikbegeisterter Mensch gewesen war und ihm wöchentlich mindestens eine E-Mail geschickt hatte. Die E-Mails hatte er in einem Ordner archiviert – seine eigenen und die des Sohnes. In einem anderen Ordner waren die Fotos, die eine Frau aus einem der Nachbarhäuser von der Umgestaltung des Gartens gemacht und an alle Beteiligten gemailt hatte. Eine Vorher-nachher-Dokumentation.

Der Sohn begann die Geschichte des kleinen Schulbuben zu schreiben. Schnörkellos und ohne Sentimentalität, denn der Vater war kein Sentimentaler gewesen. Er las sie ein paar Mal durch, machte diverse Korrekturen. Dann mailte er die Geschichte an die noch lebenden Verwandten und Bekannten des Vaters, an seine eigenen Freunde, an die Stieftochter, die in England studierte – und an die siebzehn Familien, die den Garten seines Vaters zu ihrem gemacht hatten.

Er hätte eine Geschichte geschrieben. Über seinen Vater. Und wer Lust habe, könne sie lesen. Er jedenfalls würde sich darüber freuen. Die Geschichte war im Anhang. Drei Seiten. Als Titel hatte er den Namen seines Vaters gewählt.

Möglicherweise kannten nicht alle Nachbarsfamilien den Namen seines Vaters. Oder erinnerten sich nicht an ihn. Oder interessierten sich nicht für seinen Vater. Jedenfalls bekam er noch am gleichen Tag siebzehnmal die Aufforderung zurückgemailt, er solle den Empfänger aus dem Verteiler nehmen. Man möge nicht noch mehr zugemüllt werden.

❈

Einige Wochen später ließ er über einen Anwalt eine formlose Zusammenkunft der siebzehn Pächter einberufen.

„Sehr verehrte Damen und Herren“, begrüßte er die Anwesenden, „mein Vater, dem das Grundstück hier gehörte, ist vor Kurzem verstorben. Und der Pachtvertrag mit Ihnen läuft ja zum Jahresende aus. Ich bin der alleinige Erbe, und ich will dieses Erbe im Sinne meines Vater weiterführen, etwas für die Gemeinschaft tun und habe deswegen eine Art private Ausschreibung gemacht ...“

Er lächelte freundlich in die Runde, wie es eben seine Art war.

„Wir haben von dieser Ausschreibung aber nichts gewusst“, sagte eine Frau und machte große Augen.

„Ich weiß“, er lächelte noch freundlicher. „Sie wollten ja alle aus dem E-Mail-Verteiler. Und selbstverständlich habe ich Ihrem Wunsch entsprochen ...“

Sein Lächeln nahm kein Ende. Selbst als um ihn herum die Dinge tumultig wurden, lächelte er. Und es kam aus tiefstem Herzen, dieses Lächeln.

Mit einem Löffel stieß er gegen sein Weißbierglas und verschaffte sich Aufmerksamkeit.

„Wie dem auch sei“, fuhr er fort: „Nach gründlichem Überlegen meinerseits hat den Zuschlag die Stadt bekommen. Für ein soziales Projekt, ein Musikzentrum. Es handelt sich um eine Begegnungsstätte für renitente Jugendliche, ehemalige Drogensüchtige, zukünftige Neonazis, alles, was wir halt so haben. Eine

Begegnungsstätte, um diesen Menschen eine musikalische Orientierung zu ermöglichen. Wir haben eine offene Punkkapelle, eine Balkanbläserband, Alphorn-Sessions, alles, was das Herz begehrt. Sie sind natürlich herzlich eingeladen – zu den Konzerten und den Workshops. Wenn ich hier leben würde, würde ich auch mitmachen: Tuba spielen, das wollte ich immer schon. Die Tuba, das ist so ein weibliches Instrument und doch auch maskulin. Und nicht zu schnell. Umpapa, umpapa ..."

❊

„Hut ab, mein Lieber, diese charmante Boshaftigkeit hätte ich dir gar nicht zugetraut", sagte seine Frau, als sie nach der Versammlung zu ihrem Auto gingen.

„Und gefällt er dir, mein neuer Charme?", fragte er.

„Sehr sogar. So sehr, dass ich dir jetzt sofort etwas schenken werde."

Als sie zwei Stunden später endlich nach Hause fuhren, war er sehr beschwingt. Seine Frau saß neben ihm, freute sich, dass ihr Mann ein solches Prachtexemplar war.

Schweigend lächelten sie beide vor sich hin.

Auf der Rückbank saß mehrfach angeschnallt der Gigant: eine Reynolds Contempora B-Tuba.

# Im Flug

„Irgendein Busen ist immer schuld“, sagte die Frau. Ihre Haare waren rot gefärbt, Armreifen klirrten rechts, klirrten links. „Wenn ein Mann dich vergisst, ist immer irgendein Busen schuld.“

Die Flugbegleiterin grinste.

„Schätzchen, können Sie mir bitte sagen, was ein Codesharepartner ist“, fragte die Rothaarige.

„Nein, das kann ich leider nicht.“

„Und was bedeutet Shape and Size?“

„Maßanfertigung von Büstenhaltern?“, fragte die Flugbegleiterin.

„Sie wissen es nicht, stimmt’s?“

„Stimmt.“

„Das steht aber in der Gebrauchsanweisung von Ihrem Flugzeug.“

„Jesus könnte Ihnen auch nicht erklären, was in der Bibel steht. Er hat sie nämlich nicht geschrieben. Und ich hab die Gebrauchsanweisung auch nicht geschrieben. So einfach ist das.“

„Sind Sie der Messias?“, fragte die Frau. „Umoperiert?“

„Das nicht“, antwortete die Flugbegleiterin.

„Gefällt Ihnen mein Sohn?“

Neben der Rothaarigen saß links ein Mädchen, das allein reiste, und rechts ein Mann um die Dreißig. Er trug ein kariertes Hemd und war, soweit erkennbar, bis auf das Gesicht überall tätowiert.

Das Gesicht war ein sehr schönes.

❈

Auf den Monitoren wurde in einem Animationsfilm den Flugpassagieren das angemessene Verhalten in Notsituationen vorgeführt.

„Hat das früher nicht die Stewardess gezeigt?“, fragte die rothaarige Frau ihren Sohn.

„Ja. Früher war das so.“

„Ich versteh das nicht. Das war mir viel zu schnell. Ich weiß gar nicht, was ich machen soll, wenn wir abstürzen. Das muss die Stewardess mir noch einmal richtig erklären.“

Ihre Augen füllten sich mit Tränen. Das Mädchen legte ein Taschentuch auf den Klapptisch vor der Frau.

Sie verknüllte das Taschentuch in ihrer Hand.

„Reg dich nicht auf“, sagte ihr Sohn. „Ich bin bei dir. Ich weiß, was man im Notfall machen soll. Und natürlich werde ich mich dann um dich kümmern.“

„Nein, die soll jetzt sofort zu mir kommen“, rief sie.

Ein paar Fluggäste drehten sich nach ihr um.

„Kann ich helfen?“, fragte die Flugbegleiterin.

„Ich hab Angst. Das in dem Film da oben war zu schnell für mich. Die hat viel zu schnell gesprochen.“

Die Flugbegleiterin beugte sich zu der Rothaarigen herunter und erklärte ihr, wo die Rettungsweste war, wie sie die Sauerstoffmaske anlegte, und zeigte ihr, wo sich die Notausgänge befanden.

„Schätzchen", sagte die Frau. „Sie sind so reizend. Ich wünschte, Sie wären meine Tochter. Ich hab ja leider nur Söhne. Da nehmen Sie."

Sie reichte der Flugbegleiterin die Armreifen ihrer linken Hand.

„Danke. Aber das geht wirklich nicht."

„Nein?"

„Nein."

„Ich hätte Ihnen so gerne etwas geschenkt. Dann mögen Sie mich. Und dann geht es mir besser, wenn Sie mich mögen."

❊

Nachdem das Flugzeug die gewünschte Flughöhe erreicht hatte, wurden Brezen verteilt. Seitlich in den Brezen befanden sich kleine Löcher, in die Butter hineingespritzt worden war.

Sie riss die Breze auseinander.

„Nichts ist mehr so wie früher", sagte sie ihrem Sohn. „Ich finde mich überhaupt nicht mehr zurecht."

Er war müde. Alle zwei Stunden hatte sie in der Nacht an seine Zimmertür geklopft.

Seine beiden Brüder hatten Familie. Sie konnten sich nicht um sie kümmern. Er habe ja keine festen Verpflichtungen, hatten sie gesagt, er habe gar keine Verpflichtungen. Solle er doch mit ihr in den Urlaub verreisen.

„Ich geh schnell auf die Toilette. Schau dir doch den Film an. Mama, da im Monitor."

❊

„Das bin ich“, rief sie.

Die Fluggäste sahen sie an. Sie war aufgestanden und deutete auf den Monitor, wo eine amerikanische Fernsehserie aus den Achtzigern lief, die in einer Bar spielte. An den Wänden hingen Fotos von Baseballspielern. Der Barkeeper und die Kellnerinnen trugen über ihrer Kleidung kurze weiße Schürzchen. Die Männer hatten Oberlippenbart und Bauch, waren braun gebrannt. Die Frauen onduliert.

„Die da. Die in dem Kleidchen, das bin ich“, sagte sie. „Ich hatte eine Statistenrolle.“

„Cool“, sagte das Mädchen neben ihr.

Sie strahlte wie ein Honigkuchenpferd.

Dann war das Bild eingefroren. Der Flugkapitän sprach von Turbulenzen und dass man sich bitte wieder anschnallen möge.

„Mein Sohn ist nicht da. Wo ist mein Sohn?“

„Ihr Sohn ist auf der Toilette. Der kommt gleich wieder zu Ihnen zurück“, die Flugbegleiterin streichelte ihr über die Hand. „Sie müssen sich keine Sorgen machen. Ihrem Sohn passiert nichts. Und Ihnen passiert auch nichts.“

❋

Er stand in der engen Kabine und weinte.

Einen einwöchigen Höllentrip hatten sie hinter sich. Jede Stunde ein Anschlag auf seine Nerven, jede Stunde eine Qual für seine Mutter.

Und irgendwann dann hatte er sie angeschrien.

„Ich bin nur noch eine Plage“, hatte seine Mutter traurig gesagt und die Koffer gepackt.

Er hatte sie in die Arme genommen und sich entschuldigt.

„Urlaub ist nichts für mich“, hatte sie ihm ins Ohr geflüstert und ihn nach seinem Namen gefragt.

Mit kaltem Wasser spülte er sich die Tränen ab, trocknete mit seinem Hemd das Gesicht und öffnete die Tür.

Als er zu seinem Sitz zurückkam, zeichnete seine Mutter mit dem alleinreisenden Mädchen Delfine und Schwimmreifen und würdigte ihn bis zur Landung des Flugzeugs keines Blickes mehr.

❊

„Meine Mutter ist demenzkrank.“

„Das hab ich mir schon gedacht“, sagte die Flugbegleiterin und hoffte inständig, dass er von ihr jetzt nicht aufdringliche Fragen nach seinem Gemütszustand erwartete, ob er seiner Mutter etwa gelegentlich den Tod wünsche, ob er sie in diesem Zustand überhaupt noch liebe oder ob er sie liebe, aber trotzdem gelegentlich ihren Tod herbeisehne.

„Ja“, sagte er und war heilfroh, dass sie ihn nicht mit sentimentalen Fragen nach seinem Gefühlszustand belästigte, denn dann müsste er sagen, dass er seine Mutter manchmal hasse, dass er ihr gelegentlich den Tod wünsche und dass er sie liebe.

„Wollen wir uns mal treffen?“, fragte die Flugbegleiterin.

„Ja. Bitte.“

„Was schwebt Ihnen denn so vor?“

„Ich geh gerne ins Museum“, sagte er. „Alte Malerei. Flämische Malerei. Ich weiß, ich seh nicht so aus.“

„Ich weiß nicht, wie man aussieht, wenn man gerne ins Museum geht. Aber ich weiß, dass Sie gut aussehen. Für mich sind Sie jedenfalls ein schöner Mann.“

Er sah sie an.

„Sagen Sie einfach Danke. So was kommt immer gut nach einem Kompliment.“

„Danke.“

Sollten sie sich öfters sehen, würde er ihr erzählen, wie es ist, sich um eine kranke Mutter zu kümmern.

Sie würde ihn fragen, wie er klarkommt mit seiner Mutter, sollten sie sich nach dem Museumsbesuch noch einmal treffen wollen. Vorher nicht.

❊

Weil ihr Sohn seine Augen nicht von dieser Frau lassen konnte, legte seine Mutter sich währenddessen auf das Gepäckband und drehte ein paar Runden.

# Gleich und anders

Die erste Nacht hatte sie sich nicht getraut, sich auf das Bett zu legen. Dass dieses Zimmer und das Bad für sie bestimmt waren, konnte und wollte sie nicht glauben. In Lima hatte sie in der Küche auf dem Boden geschlafen. Was nicht ungewöhnlich war. Manchmal schliefen die Hausmädchen dort auch im Keller. Aber ein großes Zimmer, mit eigenem Badezimmer. In einem Wohnhaus mitten in der Stadt. Im obersten Stockwerk und mit Blick auf den Fluss. Auf dem Kissen ein kleines Schokoladenherz. Die Handtücher weich und frisch. Es war wie im Hotel für die Gäste.

Aber nicht für die Angestellten.

All das machte ihr Sorgen. Zu Hause in Peru waren die Dinge anders: Dort gab es in manchen Restaurants immer noch separate Tische für die Hausangestellten und eigene Speisekarten. Und noch vor nicht allzu langer Zeit durften die Nanas nicht am gleichen Strand baden wie die Herrschaften. Ganz zu schweigen von der Bezahlung.

Sie war erst Anfang zwanzig. Aber trotz ihrer jungen Jahre wusste sie: Die Dinge hatten oft einen Haken. Also blieb sie auf dem Stuhl sitzen. Erst am nächsten Tag packte sie ihren Koffer aus, hängte die blaue Dienstbotenuniform und die weiße Schürze an die Tür.

Luz sprach wenig und nur wenn sie gefragt wurde.

Ihr neuer Herr war ein erfolgreicher Fußballtrainer, sein Bruder war Arzt im Kongo. Einer war reich, einer hatte genügend.

❉

„Wir hängen deine Bilder auf, das wird meinen Bruder freuen – der soll ruhig sehen, dass du eine große Künstlerin bist."

„Wenn ich ein Bild male, findest du es toll. Wenn Mama ein Bild malt, machst du dich darüber lustig. Sind Töchter die besseren Frauen? Oder magst du Frauen grundsätzlich nicht? Und Papa, bevor du mich gleich fragst: Nein – ich habe meine Tage nicht! Und sag ja nicht: ‚Bei meiner Tochter kann ich eben sicher sein, dass sie mich liebt.' Das kann ich bald nicht mehr hören."

„Warum wohnst du dann bei mir und nicht bei deiner Mutter?", fragte der Fußballtrainer.

„Weil du sehr nett bist. Zu mir. Aber das reicht nicht mehr. Es beleidigt mich als Frau, wenn du zu anderen Frauen bescheuert bist. Und: Ich bin zwar erst sechzehn, aber ich bin eine Frau."

„Tu mir einen Gefallen, spar dir deine Kommentare heute abend beim Essen."

„Ich werde gar nicht dabei sein", sagte seine Tochter.

❉

Luz hatte auf der Terrasse gedeckt, einer Terrasse, die fast so groß war wie die ganze Wohnung. Die Speisen und Getränke standen in Reichweite auf dem temperierbaren Servierwagen. Den ganzen Tag hatte sie in der Küche gestanden: Limettenbowle, geeiste Grapefruit-Tomaten-Suppe, scharfer Kartoffelsalat mit grünem

Spargel, mit Thymianhonig eingeriebener Schweinebraten, Avocadocreme mit frittierten Kräutern, Oliven-Parmesan-Brot, frischer Joghurt mit Erdbeeren und Mandelgebäck.

„Bist du fertig?“, fragte der Fußballtrainer.

Sie nickte.

„Eine hübsche Bluse hast du an, Luz.“

Sie errötete. Er nannte sie bei ihrem Namen, und daran hatte sie sich immer noch nicht gewöhnt.

„Und die Jeans gefällt mir auch.“

Seine Tochter hatte sie zum Einkaufen begleitet und die Kleidungsstücke ausgesucht. Ein enge Jeans mit Nieten an den Gesäßtaschen und die Bluse. Rosa würde zu ihrer schönen Haut passen, hatte sie dem Hausmädchen gesagt.

„Ich gehe jetzt zu dem Deutschunterricht.“

Als sie in der U-Bahn saß, fiel ihr ein, dass sie die Stoffservietten vergessen hatte.

❈

Schon seit ein paar Tagen ging er nicht mehr zum Training, rief jeden Morgen bei der Sekretärin an, sagte, dass er immer noch krank sei. Dann stellte er das Telefon leise.

Er saß auf der Couch und sah eine Tiersendung im Fernsehen an. Donnernde Elefanten. Bald würde sein Bruder kommen, den er seit drei Jahren nicht mehr gesehen hatte. Es war heiß. Er war angespannt. Ein Drink würde ihm gut tun.

In der Küche stand die Verandatür offen, die Hitze füllte den Raum. Das grelle Licht schmerzte seine Augen. Er schloss die Tür, ließ per Fernsteuerung die Jalousien an der Tür und den Fenstern herunter.

❋

Sie standen in der abgedunkelten Küche.

„Es tut mir leid“, sagte der Fußballtrainer. „Aber die Elektronik. Die Jalousien bewegen sich keinen Millimeter. Das heißt konkret: Das Essen ist draußen, wir sind drinnen.“

„Es amüsiert mich immer, wenn bei euch die Technik versagt – bei uns ist das völlig normal“, sagte sein Bruder.

„Was machen wir jetzt?“

„Wir können doch in einen Biergarten gehen.“

„Das können wir nicht. Die Leute kennen mich. Sie würden mit ihren Handys Fotos machen. Wir hätten keine ruhige Minute“, er zögerte einen Moment. „Ich geh nicht gerne weg, grundsätzlich nicht.“

„Gut, dann hole ich Pizza und ein paar Bier. Ich bin sowieso kein Feinschmecker ...“

Sein Bruder hielt ihn vermutlich für einen Angeber, für einen ungebildeten Neureichen, der sich von einer zeitgemäßen Sklavin Gourmetschnickschnack in den Mund löffeln ließ.

Im Esszimmer stellte er zwei Teller auf den Tisch. Das Bier würden sie aus der Flasche trinken.

❋

Sie hätte natürlich rufen können, laut gegen die Fensterscheiben klopfen.

Stattdessen zündete Luz eine Kerze auf dem Tisch an, steckte sich ein Blüte ins Haar. Sie nahm Platz, legte die weiße Serviette auf ihren Schoß, faltete die Hände und sprach ein Tischgebet. Dann schenkte sie sich ein Glas Bowle ein und füllte ihren Teller mit den Köstlichkeiten.

❉

„Es macht mir keinen Spaß mehr“, sagte der Fußballtrainer. „Nicht mal das Gewinnen. Ich kenne das Gewinnen, und ich kann es. Genauso ist es mit dem Verlieren, das kenne ich, und das kann ich auch. Aber ich kann die Leute, mit denen ich zusammenarbeite, nicht mehr ertragen. Früher hat mich ihre Dummheit nicht gestört, weil Fußball für mich das Schönste war. Aber jetzt ist das nicht mehr so. Jetzt kann ich dieses Geschwätz nicht mehr hören. Die Sprüche, dieses Laute, Aufdringliche. Na ja. Luxusprobleme sind das, ich weiß. Und du, wie geht es dir?“

Der Bruder hatte ihm eine Pizza mit Salami mitgebracht, das habe er doch früher immer so gerne gegessen – Pizza mit Salami. Dass er sich daran noch erinnern könne, fragte er. Logisch, antwortete der Bruder und öffnete mit einem Schlüssel die beiden Bierflaschen.

„Also, was ist mit dir?“, fragte der Fußballtrainer.

„Ich bin zufrieden, wenn nicht alle sterben, die wir behandeln.“

„Das sind natürlich andere Sorgen.“

„Das sind keine Sorgen. Ich meine das auch nicht zynisch. Ich meine das ernst. Ich freue mich, wenn nicht alle sterben.“

„Trotzdem.“

Sie aßen ihre Pizzen mit der Hand, gierig und genussvoll.

„Du musst dich für deinen Wohlstand nicht schämen“, sagte der Bruder.

„Da bin ich aber froh.“

Seine Freunde würden sagen, da ist Neid im Spiel. Neid, weil er bekannt sei, sehr viel Geld habe, eine schöne Exfrau, eine schöne Tochter, immer wieder eine schöne Geliebte. Die Freunde seines Bruders würden sagen, da ist Neid im Spiel. Neid, weil er manchmal ein Leben rette, weil sie ihn da unten brauchten, weil sie ihm mittlerweile vertrauten, ihn vielleicht sogar mochten, weil in seinem Leben alles improvisiert und offen sei. Und welcher Neid wäre dann der bessere?

„Ich glaube, meine Tochter mag mich nicht mehr."

„Warum?"

„Weil ich sie zu sehr liebe und die anderen zu wenig, hat sie gesagt."

❊

Kurz nach Mitternacht ging sein Bruder. Sie nahmen sich zum Abschied kurz in den Arm.

Als er die Pappdeckel in den Müll drückte, hörte er, dass jemand auf der Terrasse ein spanisches Lied sang. Er öffnete die Tür.

„Luz, bist du das?", rief er.

Sie lachte und sang weiter.

Mit einer Werkzeugschere schnitt er die Jalousie auf.

„Du lässt es dir ja gut gehen", sagte er und blickte auf die junge Frau, die in der Hängematte lag, auf dem Boden stand die Schüssel mit der Limettenbowle.

Luz hatte die Augen geschlossen und summte weiter ihr Lied.

Er ging zum Tisch, holte ein Glas und schenkte sich Bowle ein.

„Keine Sorge, ich mach dir keinen Ärger. Du darfst ruhig auch deinen Spaß haben. Für mich sind Hausangestellte genauso Menschen wie ich. Und ich toleriere alle Menschen. Grundsätzlich. Fast alle wenigstens."

Er reichte ihr ein Glas Limettenbowle, wollte mit ihr anstoßen.

„Toleranz ist das Gegenteil von Respekt", sagte Luz und setzte sich auf. „Sie sind tolerant, ja. Und Sie sind sehr von oben ..."

*

Am nächsten Morgen hatte sie einen Kater und wusste, dass sie ihren Job verloren hatte. Ihre Sachen hatte sie längst zusammengepackt. Das Zimmer sah aus wie bei ihrer Ankunft, so als ob sie nie dagewesen wäre. Das Bett frisch bezogen, die Handtücher im Badezimmer ausgewechselt. Sie hatte keine Angst. Aber aufgeregt war sie. Sich zu entschuldigen verbat sie sich, so wie sie sich früher Widerworte verboten hatte. Sie nahm ihren alten Koffer.

Er saß im Esszimmer.

„Wir müssen reden, Luz."

Sie nickte.

„Setz dich doch bitte."

Sie schüttelte den Kopf.

„Luz, ich möchte mich bei dir entschuldigen."

Sie setzte sich auf ihren Koffer.

„Ich habe das ironisch gemeint. Gestern. Was ich über Hausangestellte gesagt habe."

„Ironisch – wofür ist das gut?"

Darauf wusste er keine Antwort.

Luz sah ihn an.

„Wirklich. Und ich möchte dich fragen, wie ich dich respektvoll behandeln kann, damit du dich hier wohl fühlst und bleibst. Soll ich Sie sagen?"

Sie schüttelte den Kopf.

„Ich möchte meine Uniform wieder anziehen", sagte sie.

„Du musst keine Uniform tragen. Du und ich, wir sind gleich."

„Oh nein. Wir sind anders.“

„Aber …“

„Meine Uniform gehört zu mir. Ich fühle mich wohl in meiner Uniform, und sie macht mich sicher.“

„Gut.“

„Danke.“

„Ich danke Ihnen. Ich danke dir.“

Sie lächelte.

„Warum lächelst du?“

Sie kicherte.

„Was?“

„Das Essen war gut. Mein Essen. Es schmeckt gut. Ich wusste das nicht. Und ich habe mich nie wirklich gefreut, dass ich gut kochen kann. Und gestern … gestern, das war ein guter Tag. Ich habe noch nie etwas Verbotenes getan.“

„Und hat es Spaß gemacht?“

Sie nickte.

„Ich mache auch was Verbotenes. Ich rufe jeden Tag bei meinem Verein an und sage, dass ich krank bin. Und das ist gelogen.“

„Macht es Spaß, das Lügen?“, fragte sie.

„Ein bisschen.“

Sie lächelte den Fußballtrainer an, stand auf, nahm ihren Koffer in die Hand, um in ihr Zimmer zu gehen. „Ich entschuldige mich auch.“

Er ging auf sie zu und nahm ihr den schweren Koffer aus der Hand. „Ist noch etwas übrig von deinem tollen Essen?“

„Ein bisschen.“

# Was zählt im Leben

... ist eine ansprechende Oberweite.

Ihre deutsche Oma hatte Riesenbrüste, die weich waren wie mit Daunen gefüllte Kissen. Sie war ein echter Hingucker. Auf ihrem wogenden Busen baumelte eine Kette mit einer kleinen goldenen Weltkugel, die ihr einer der verstorbenen Ehemänner hinterlassen hatte. Bei jeder noch so winzigen Bewegung gab die Kugel im Innern einen leisen Klang von sich. Wenn die deutsche Oma genug hatte von dem Gebimmel, versteckte sie die Weltkugel tief zwischen ihren Brüsten.

Omas Hobby war das Nacktbaden.

Die spanische Oma hingegen hatte kleinere Brüste, auf die der spanische Opa im Bett gerne seine Hand legte – zum Einschlafen und zum Aufwachen. Das war der spanischen Oma anscheinend peinlich, das hatte sie gemerkt, als sie Oma und Opa einmal das Frühstück ans Bett brachte. Da hatte die Oma die Opa-Hand schnell weggestoßen und den Opa spanisch verflucht. Aber der Opa hatte seine Hand sofort wieder zurück auf ihr Herz gelegt.

Nacktbaden war nichts für die spanische Oma.

Ihre Mama hatte ganz normale Brüste. Die im Bett zurzeit keiner in die Hand nahm, weder ein Mann noch eine Frau. Ihre Mama konnte sich nicht entscheiden zwischen Männern und Frauen. Vom Papa war ihre Mutter geschieden. Trotzdem lag der manchmal neben der Mama im Bett. Für besondere Anlässe. Aber er machte sich nicht so viel aus Brüsten. Seine Hände waren zumindest immer woanders.

Die Mama mochte Bikinis und BHs. Damit verlockte sie die Umgebung.

Als kleines Mädchen war sie mit ihrem winzigen Spielzeug-Porsche immer über die Kurven der Mama gekurvt. Auf und ab.

Ihre eigenen Brüste ließen zwar noch auf sich warten. Aber sie stellte sich schon vor, wie es sein würde, wenn sie dann ihre Freundinnen umarmte, wie sich deren Brüste auf ihren Brüsten anfühlen würden. Wie sie das machen sollten, Brust auf Brust oder versetzt, immer eine Brust zwischen die Brüste der anderen, fest gegeneinander oder eher sanft.

Sie würde busenbezogen auf jeden Fall alles ausprobieren.

Was die Größe ihrer zukünftigen Brüste betraf, hatte sie keine konkreten Vorstellungen. Nur wippen sollten sie, ihre Brüste, und damit endeten ihre Gedanken zum Thema „Was zählt im Leben".

❊

Eine Woche später bekam ihre Mutter eine schriftliche Aufforderung, in die Lehrersprechstunde zu kommen. Dem Schreiben beigelegt war ein Aufsatz ihrer Tochter.

Was sie über Brüste – ihre eigenen, die der Omas, die zukünftigen ihrer Tochter – lesen musste, hätte sie unter diesen Umständen lieber nicht lesen wollen.

Am Ende des Aufsatzes hatte der Lehrer vermerkt, dass ihre Tochter eine sehr schöne Schrift habe, jedoch jede Möglichkeit nutze, einen Rechtschreibfehler zu begehen. Sie brauche aus diesem Grund unbedingt eine besondere Förderung. Und obwohl ihre Tochter über einen sehr gesunden Menschenverstand verfüge, sehe er sich leider gezwungen, die Arbeit mit einer Fünf zu bewerten.

Aber ganz grundsätzlich würde er sich freuen, die Mutter dieses Mädchens einmal kennen zu lernen – aus beruflichen Gründen natürlich. Am besten zu erreichen sei er unter seiner Handynummer. Sie könne gerne auch eine Nachricht auf seiner Mailbox hinterlassen, er würde dann baldmöglichst zurückrufen.

„Und wie findest du meinen Aufsatz?", fragte das Mädchen, als seine Mutter das mit dunkelblauen Buchstaben beschriebene und unzähligen roten Korrekturen übersäte Blatt Papier sinken ließ. „Abgesehen von den paar Fehlern ..."

„Super", sagte die Mutter, schmiegte den Kopf ihrer Tochter an ihre ganz normalen Brüste und ging in ihr Schlafzimmer, um ungestört zu telefonieren.

Während ihre Tochter sich im Badezimmer einschloss, ihr T-Shirt auszog, sich vor den Spiegel stellte und mit ihren Händen zwei Kugeln vor ihrer Brust formte.

„Ihr könnt jetzt kommen. Ich bin bereit."

# Mehr Blut und ein Küsschen

„Ich mach alles außer Mord. Für Mord hab ich kein Talent. Bei anderen nicht – und bei mir selbst auch nicht, das hab ich schon getestet."

„Du hast Tests gemacht in Sachen Mord?", fragte der Mann in der Mitte. „Du hast jemand ..."

„... oh nein! Gott bewahre. Andere Menschen abzumurksen verstößt komplett gegen meine ethischen Prinzipien. Müsste ich hier etwa ...?"

Die dreizehnköpfige Jury saß hinter dem mit rubinrotem Samt aufgebrezelten Tapeziertisch. Als Snack für die sechs Damen und sieben Herren gab es Seelen mit Kümmel, Oliven mit Mandeln und Chardonnay von den Golanhöhen. Der Wein war ein Geschenk eines ehemaligen Auftraggebers, der aufgrund höherer Gewalt zahlungsunwillig werden musste.

Um den Jurytisch und den Kandidatenstuhl herum standen fünfhundertsiebenundzwanzig weiße, nagelneue Kloschüsseln.

„Nein. Da musst du dir keine Sorgen machen, wir machen hier keine Morde", sagte Pierre, der Präsident. „Wir machen Raubzüge."

„Das ist schön“, antwortete er. Es war sein erstes Casting.

„Wie heißt du, Jungchen?“, fragte Pierre.

„Felix.“

Felix war einundzwanzig Jahre alt. Sein Onkel, ein Cousin des Präsidenten, hatte ihm von dem geheimen Casting erzählt.

❈

Sechs Monate zuvor hatten Pierre und seine Frau die Agentur für diskrete Kriminalität ins Leben gerufen. Um der Agentur in den einschlägigen Kreisen zu mehr Popularität zu verhelfen, hatte Pierres Ehefrau eines Tages im heimischen Whirlpool den Plan zu einer Casting-Show hervorgezaubert. „Solche Shows machen sie mit Sängern auch, da kommen wahre Talente. Richtige Granaten. Echt.“

„Liebchen“, Pierre hatte seiner Frau einen Kussmund zugeworfen, sich umgedreht und ihr die Sapone con principio attivo mit Bergamotte gereicht, damit sie ihm den Rücken einseifen konnte. „In meiner Branche kann man Amateure nicht gebrauchen. In der Politik, bei der Polizei oder meinetwegen in Hollywood, da kommt es auf einen Idioten mehr oder weniger nicht an. Wir aber haben ein seriöses Unternehmen. Wir sind eine Agentur, die Profiverbrecher vermittelt. Uns kennt man. Gewisse Leute zumindest. Wir haben einen guten Ruf zu verlieren.“

„Ja, aber uns gehen die Leute aus“, hatte Liebchen geantwortet und den Rücken des Präsidenten beschrubbt. „Das ist wie bei jedem anderen Handwerk. Die klagen ja auch immer über Nachwuchs. Und, Chérie: Auch wir müssen mit der Zeit gehen. Smartphone, Flatrate, WLAN, du kannst heute nicht wie vor hundert Jahren eine Postkutsche überfallen oder falsche Impressionisten verscherbeln. Deine Eltern haben so was gemacht. Meine Eltern haben so was gemacht. Das waren die guten alten Zeiten.

Aber heute. Heute musst du ja andauernd Angst haben: Scheinselbstständigkeit, Abgeltungssteuer, Absatzschwierigkeiten – Probleme, wo man hinschaut. Dreimal mussten wir jetzt schon das Gewinnziel für das laufende Geschäftsjahr korrigieren. Wie soll das denn weitergehen? Und ich: Seit zwei Jahren arbeite ich festangestellt. So was hätte es früher doch nicht gegeben. Auf Steuerkarte arbeiten. Eine wie ich."

Liebchen setzte sich durch.

❉

„Aber an dir selbst, wie oft hast du das schon getestet?", fragte Pierre, trocknete sich die tränenfeuchten Augen und verbiss sich in die Kümmel-Seele. „Du weißt schon ... Du bist doch noch ein junger Kerl."

„Mein Mann ist sensibel, denk dir nichts", sagte Liebchen, die rechts neben dem Präsidenten saß, „der heult auch bei der Werbung. *Merci, dass es dich gibt*. Da heult er. Das musst du alles nicht persönlich nehmen."

„Ich nehm das nicht persönlich."

„Und?", fragte Pierre.

„Dreimal", antwortete Felix.

„Dreimal muss reichen. Wenn du's nach dreimal nicht draufhast, dann ist es nicht dein Ding."

„Finden Sie das wirklich?"

„Ja. Wieso hast du das überhaupt gemacht?"

„Weil ich nicht stimme."

„Warum stimmst du nicht?"

Felix schwieg.

„Erklär mir das", sagte Pierre.

„Das kann man nicht so leicht erklären."

„Jungchen, ich hab hier einen Haufen Kloschüsseln. Die haben wir geklaut. Und glaub mir, das war richtig Arbeit. Diese Kloschüsseln müssen nach China, nach Indien ... Damit die Leute dort auch anständig ... Du weißt schon. Fünfhundertsiebenundzwanzig Kloschüsseln – das, mein Freundchen, das sind Sorgen. Wir haben die Schüsseln, und die anderen haben sie nicht, kapiert! Ich versteh, dass einer eine Kloschüssel haben will. Ich versteh aber noch immer nicht, warum du nicht stimmst?"

„Ich kann es nicht sagen."

„Dann schreibst du es auf."

„Komm ich dann in den Recall?"

„Wohin?", fragte Pierre.

„Kann ich dann wiederkommen?"

„Das kannst du machen."

Felix stand auf: „Soll ich den nächsten Kandidaten reinholen.

Die zwölf Beisitzer grinsten.

„Es gibt keinen nächsten Kandidaten. Du bist der einzige", sagte Pierre.

„Kann ich dann nicht bleiben? Wenn es keine Konkurrenz gibt."

„Selbst wenn wir wollten, können wir nicht. Wir sind eine kriminelle Organisation. Und du hast überall keine Erfahrung nicht."

„Er könnte ein Praktikum bei uns machen", sagte Liebchen und nippte an den Golanhöhen.

„Ein Praktikum?", fragte Felix.

„Warum nicht", sagte Pierre. „Als Arbeitgeber muss man sich für die Jugend einsetzen. Ich biete dir ein Praktikum an. Mit Familienanschluss."

❊

Seitdem wischte Felix mit einem Staubwedel aus Straußenfedern die Porzellanschüsseln ab, und seitdem durfte er den Chef duzen.

„Wichtig ist, dass die antistatisch sind", hatte Pierre erklärt. Er selbst hatte einen handgefertigten Feudel aus Ziegenhaar, dessen Kopf beweglich war. Wenn er feudelte, sang er Lieder von Daliah Lavi.

Gelegentlich verschoben Pierre und Felix die Toilettenschüsseln. Wie man Möbel in der Wohnung umstellt, wenn man Veränderung braucht. Sie probierten vieles aus, besprachen sich, fotografierten die neuen Arrangements, machten ein Päuschen.

Im Laufe der Zeit hatten sie auf allen fünfhundertsiebenundzwanzig Schüsseln Platz genommen und viel geredet.

Die Lagerhalle war Felix ein zweites Zuhause geworden. Er kam gerne hierher. Die Arbeit war übersichtlich. Und wenn er nicht mit dem Feudel wedelte, machte er Notizen in ein Heft.

„Du musst kein ganzes Buch schreiben", sagte Pierre, wenn er Felix beim Schreiben erwischte. „Es reicht, wenn du ein paar Gründe findest. Du musst dir da keinen Stress draus machen, Jungchen. Ich will einfach nur verstehen, warum ein junger Kerl wie du sich andauernd umbringen will."

„Dreimal."

„Gut dreimal."

„Da gibt es nichts zu verstehen, wirklich", sagte Felix und rückte seine Schüssel näher zum Chef. „Findest du, dass man das nicht darf, sich umbringen?"

„Man darf alles, man muss nur wissen, dass es Konsequenzen hat."

Sie saßen einander gegenüber, Felix mit seinem Straußenfedernfeudel, Pierre mit seinem Ziegenhaarfeudel.

„Ich sag halt immer, dass es darum geht, dass man weitermacht", sagte Pierre.

„Oder warum man weitermacht", sagte Felix.

Pierre schüttelte den Staub aus seinem Feudel.

„Kannst du mir versprechen, dass du das nie wieder machst?", fragte Pierre.

„So was kann man nicht versprechen", sagte Felix. „Es gibt keine Garantie für mein Leben. So wie es für deine Kloschüsseln keine Garantie gibt, dass sich je ein Chinese auf sie setzen wird."

❉

Nach einem Jahr beendete Felix das Praktikum.

Es sei schön hier, sagte Felix, aber jetzt müsse er gehen. Zum Abschied reichte er seinem Chef einen dicken Stapel Papier.

„Was ist das? Sind das die Gründe?"

„Nein. Das ist ein Krimi. Ich dachte, das passt besser zu deinem Gewerbe als meine Selbstmordversuche."

❉

„Und?", fragte Felix, als sie sich ein paar Wochen später in der Lagerhalle wiedertrafen, wo Pierre die Kloschüsseln zu einer Pyramide aufeinander stapelte.

„Der Krimi?", fragte Pierre.

„Der Krimi."

„Ich find's prinzipiell gut. Aber es braucht mehr Action. Mach ein bisschen mehr Blut rein und dafür am Schluss ein Happy End. Das wollen die Leute, glaub mir. So ist es zu traurig. Erst richtig brutal und dann am Schluss ein Küsschen ist vernünftiger."

„Ein Küsschen?"

„Ja, ein Küsschen", sagte Pierre und spitzte die Lippen. „So was."

# Die Wand

„Wo ist der Schmuck?", fragte sie.

„Das weiß ich nicht", sagte er. „Ich such den Revolver."

Sie sah ihn spöttisch an. Und dieser Spott war ihm sehr vertraut.

Die Schrankwand hatte 113 nummerierte Schubladen, in denen sein Vater einst Schrauben, Nägel und anderes gelagert hatte. Sie war eine Maßanfertigung. In die Mauer eingepasst. Jede Schublade hatte einen schweren Klappdeckel. Der Vater war Schmied gewesen und hatte unten im Haus seine Eisenwarenhandlung und die Werkstatt gehabt. Die Schrankwand hatte er aus dicken Bohlen gezimmert. Die Schubladen dienten gleichzeitig auch als Stufen. Wenn die Mutter den Vater seinerzeit zum Essen gerufen hatte, hatte der manchmal gebrüllt, dass es jetzt nicht ginge, er stünde gerade auf der 58. Einmal war sie so erbost gewesen, dass sie die Schubladen unter ihm mit Besenstielen zugeschoben und ihn in luftiger Höhe hatte schmoren lassen.

Das Haus hatten sie nach dem Tod der Eltern übernommen und renoviert. Jahrelang. Jahrelang hatten sie nichts anderes getan, als alte Zeiten zu renovieren, pflegte seine Frau zu sagen.

Sie trug schwarze Lackschuhe mit goldenen Absätzen, stand ein paar Schubladen über ihm. Er saß in der zweiten Reihe auf der 15. Sein Gesicht spiegelte sich verzerrt in ihren Absätzen.

„Du hast schon lange nicht mehr so schöne Schuhe angehabt."

„Lackschuhe auf dem Land?", fragte sie. „Du bist gut."

„Aber jetzt schon", sagte er. „Jetzt trägst du sie, obwohl wir immer noch auf dem Land sind."

„Jetzt geh ich ja zurück in die Stadt", antwortete sie.

„Es ist das Ganze, was zählt", hatte er ihr gesagt, als sie ihn gefragt hatte, warum sie eigentlich noch verheiratet waren. Die Familie und alles andere eben. Das Gesamtpaket.

„Das Gesamtpaket kannst du allein haben", hatte sie geantwortet. „Das schenk ich dir."

Dann hatte sie ihre Koffer gepackt. Das Gesamtpaket war ihr zu wenig.

Und jetzt suchte sie ihren Schmuck und er den Revolver.

Er hob den Deckel von der 16 hoch und entdeckte bemalte Figuren aus Vietnam. „Du hast immer gerne Krimskrams gekauft. Überflüssiges Zeugs, das jetzt hier in den Schubladen den Platz wegnimmt."

„Natürlich, wenn es von mir kommt, muss es ja Platz wegnehmen."

Seine Frau stieg hoch auf die 63 und zog die Schubladen in der obersten Reihe auf.

„Hier oben sind noch zwei leer, stell dir vor. Da hätte ich ja noch mehr Ramsch einkaufen können."

„Den du jetzt hier lässt. Danke."

„Kein Ding", sagte sie.

„Kein Ding? Wie redest du denn?“, fragte er sie.

„So wie eine Frau redet, die über den Dingen steht“, antwortete sie und blickte auf ihn herab.

Sprachlich gesehen fühlte er sich ihr gelegentlich unterlegen.

„Da schau, was ich gefunden habe“, er wedelte mit einem Impfschein.

„Den hab ich jahrelang gesucht“, sagte sie. „Wo war der?“

„Da, wo er nicht hingehört. Wenn du ein bisschen System hättest, dann ...“

„Du hast ja bald die Wand für dich allein, dann kannst du vierundzwanzig Stunden am Tag systematisch sein.“

Er warf den Impfschein achtlos auf den Boden.

Sie hielt eine verpackte Schachtel Golfbälle aus der 74 hoch. „Die hab ich dir geschenkt. Warum hast du die nie benutzt?“, fragte sie.

„Es sind nicht die richtigen.“

„Falsche Bälle, falsche Frau, falsches Leben.“

„Musst du immer gleich so theatralisch werden?“, fragte er.

Sie legte die Golfbälle in die Schublade zurück, ließ den Deckel herunterknallen und schob sie wieder zu.

In der 21 lagen Faschingsgirlanden, Luftschlangen, Lametta und Wunderkerzen. „Wir haben schöne Feste hier gefeiert“, sagte er und pustete eine Luftschlange auf.

„Wir haben hier kein einziges Fest gefeiert, du hattest immer Angst, um den Parkettboden, die neuen Sofas. Hier draußen hat uns kein Schwein besucht. Weil wir niemanden einladen durften. ‚Erst wenn alles perfekt ist‘, hast du immer gesagt. Aber es wurde eben nie perfekt. Und um das Unvollkommene hattest du auch schon panische Angst.“

„Bin ich wirklich so schlimm?“, fragte er.

„Was glaubst du?“, fragte sie.

Er legte die Luftschlangen um seinen Hals.

„Da schau an: eine Autogrammkarte von Romy Schneider“, sie saß auf der 87, ihre Beine übereinander geschlagen. „Die solltest du dir einrahmen lassen. Die war immer der Inbegriff der Verführung für dich.“

„Hab ich das gesagt?“

„Ich finde schon“, sagte sie.

„Eigentlich warst du immer meine Lieblingsfrau.“

Sie zog die Augenbraue hoch.

„Hast du mich jemals betrogen?“, fragte er.

„Du nicht?“

„Hat es was bedeutet?“

„Nein. Aber es war wichtig“, sagte sie.

In der 113 fand sie alte Bikinis. „Da würde ich heute nicht mehr reinpassen.“

Die Schublade, auf der sie stand, knarzte.

„Hält die mich aus?“, fragte sie.

„Das wirst du dann schon merken“, sagte er.

„Ich weiß, dass du mich zu dick findest.“

„Du fragst mich ständig, ob du zu dick bist. Du fragst, also wundere dich nicht, wenn du eine Antwort bekommst. Aber wenn du stürzt, werde ich dich pflegen. In guten wie in schlechten Tagen.“

„Ich werde hier ganz bestimmt nicht alt“, antwortete sie und öffnete eine Schachtel. Pastellkreiden. Die hatte er ihr geschenkt, damit ihr die Decke nicht auf den Kopf fiel, als die Kinder anfingen, ihre eigenen Wege zu gehen. Sie war ihr trotzdem auf den Kopf gefallen. Trotz der Pastellkreiden. Jetzt malte sie ein Gesicht auf den Deckel der Schublade und lächelte über ihr Kunstwerk.

Er blätterte in den Briefen, die sie ihm geschrieben hatte. „Wo sind eigentlich die Briefe, die ich dir geschickt habe?", fragte er.

„Die hab ich nicht mehr", wollte sie sagen. „Die sind schon in meiner neuen Wohnung", log sie.

Er hob den Deckel von der 28 hoch: „Da schau mal, kannst du dich noch erinnern?"

Sie hielt sich mit einer Hand an der halb geöffneten 96 fest und bückte sich schräg nach unten. In der 28 lag eine große Muschel, die wie eine Vagina aussah.

Sie grinsten beide. „Weißt du noch, als Onkel Franz sagte, dass die aussieht wie Tante Jasmin untenrum. Da haben wir die Muschel sofort ausgelagert", sagte sie.

„Das ist das erste Mal, dass du wir sagst."

„Du hast sie ausgelagert", korrigierte sie sich.

Er sah hoch zu seiner Frau.

„Willst du sie haben, die Muschel?"

Sie schüttelte den Kopf.

In der obersten Reihe ließen sich die Schubladen nur schwer öffnen. „Da musst du mal was machen, Seife oder Schmiere", sagte sie und zog aus der 109 einen Stapel Einkaufstaschen aus Stoff heraus. „Die hast du mir früher immer mitgebracht."

„Teure Taschen konnte ich mir damals nicht leisten. Aber Frauen mögen doch Taschen."

„Ich hab mich immer sehr darüber gefreut. Mehr als über die teuren Geschenke später."

„Warum vergammeln sie dann da oben in der Schublade?"

„Weil diese Zeit eben vorbei ist. Früher waren deine Geschenke einfach. Früher, als wir in der Stadt wohnten, war alles einfacher."

„Früher hast du uns Kartoffeln mit Butter gemacht", sagte er, „und irgendwann gab es Kartoffeln mit Trüffel."

„Das war Frustkochen."

„Kannst du dich erinnern, als dein Sohn zu dir gesagt hat, ob wir vielleicht ausnahmsweise einfach nur ein Butterbrot zu Abend essen könnten?"

„Mein Sohn?"

„Unser Sohn."

Er stellte sich hin, sah die Wand hoch zu ihr. „Ich hab es für euch getan."

„Was – das Haus renovieren?", fragte sie.

„Ja."

„Du hast uns aber nicht gefragt. Wir mussten hier rausziehen, weil du es bestimmt hattest."

„Weil ich mir euch in der Stadt nicht mehr leisten konnte", sagte er. „Sie haben mir gekündigt damals."

„Warum hast du mir das nie gesagt?"

„Du hattest deine Ansprüche: Essen nie aus dem Supermarkt, alles Bio, schöne Reisen, hübsch mit den Freundinnen um die Häuser ziehen. Ich dachte, es wäre das Richtige: ein Haus mit Garten."

„Es war der Anfang vom Ende. Dein Vater hat vor seinem Tod noch gesagt, dass du das Haus verkaufen sollst und dir was Neues davon kaufen. Aber du musstest dieses Haus renovieren. Plötzlich gab es nichts anderes mehr, als die Vergangenheit zu bewahren."

Er öffnete einen Flachmann aus der 13, nahm einen Schluck. „Willst du auch?"

Sie zögerte einen Moment. „Warum eigentlich nicht?"

Beim Hinaufsteigen musste er sich festhalten.

„Pass auf."

„Was soll mir schon passieren?", fragte er.

„Warte, ich komm herunter zu dir."

Sie standen sich gegenüber. Er reichte ihr die Flasche.

„Komm, setz dich zu mir", sagte er und zog die 17 und die 18 auf.

Sie setzte sich auf die 19, hob den Deckel hoch von der 18, wo CDs lagen, die sie schon lange nicht mehr hörten.

Ob sie tanzen wolle, fragte er sie, nachdem er einen zweiten Schluck genommen hatte, sie könne die Musik aussuchen. Es seien ja ihre CDs und ob sie die denn nicht mitnehmen wolle.

Sie schüttelte den Kopf.

„Nicht tanzen oder nicht mitnehmen?", fragte er.

Sie tanzten auf Tom Waits' *All the World is green* – Wange an Wange.

„Dein Schmuck ist übrigens in der vierten Reihe, sechste Schublade von links", sagte er, als das Lied zu Ende war.

„Danke."

Sie holte die Blechkiste und verstaute sie in ihrem Koffer.

„Dein Revolvergürtel liegt übrigens im Zimmer von deiner Tochter."

„Die zieht so was an?"

„Sie hat wohl den gleichen Geschmack wie du."

Sie küsste ihn zum Abschied auf die Wange.

„Es war schön mit dir", sagte er.

„Das stimmt: Es war einmal schön mit uns. Sehr schön sogar."

# JoJo

Jonathan beschloss, sich nur um den Schaschlikspieß zu kümmern und um die Reiskörner. Die Mädchen würde er ausknipsen.

„Kann ich mich bei euch dazusetzen?“, hatte er sie gefragt.

Sie hatten ihn keines Blickes gewürdigt.

Er hatte Platz genommen und einen guten Appetit gewünscht.

Die beiden Mädchen sahen ihn an, musterten ihn, steckten die Köpfe zusammen und fingen an zu wispern. „Schau dir den Typ an, der ist ja überall behaart. Echt widerlich.“

Jonathan schob mit der Gabel ein Stück Fleisch von dem Stäbchen.

„Hey, kannst du dich nicht rasieren. Überall diese Haare. Das sieht ja voll scheiße aus“, sagte eines der Mädchen. Das andere kicherte schrill.

Sie wohnten beide in seiner Straße. Manchmal sah er sie. Aber er hätte sie nicht auseinanderhalten können. Vermutlich waren sie eine Jahrgangsstufe über ihm. Er wusste es nicht. Es war das erste Mal, dass er sich in der Mittagspause an ihren Tisch setzte. Einen anderen freien Platz hatte er nicht gesehen.

„Hey, du Arsch, ich red mit dir."

Da knipste er sie aus. Er war gut im Ausknipsen.

Auf seiner Gabel lagen einundvierzig Reiskörner. Wie viele Reiskörner würden neben seinem Schaschlikspieß liegen?

❊

Zwei Wochen später, es war Freitagnacht, holte er sie aus dem Auto heraus. Sie hatten Alkohol getrunken. Eines der Mädchen blutete aus der Nase und übergab sich auf seine Hose. Er rief den Notarzt und ging, als die beiden versorgt wurden, nach Hause. Die Hose säuberte er im Waschbecken.

Am nächsten Morgen fragte seine Mutter, ob etwas Besonderes gewesen sei. Sie hätte ihn in der Nacht so lange im Badezimmer gehört.

„Nein, es war nichts", sagte Jonathan.

Nach dem Frühstück ging er zu dem Segelboot hinten im Garten. Seit einem Jahr tüftelten sie in jeder freien Minute an der selbst entworfenen Holzkonstruktion: Jonathan, seine jüngere Schwester Theresa, seine Mutter und sein Vater. Sie lachten miteinander, halfen sich gegenseitig, stöhnten abwechselnd, wenn die Arbeit zu mühsam wurde.

„Eigentlich sollten wir dann auch mal den Segelschein machen", sagte der Vater.

„Besser wäre es", sagte die Mutter.

❊

„Wer ist der Junge eigentlich, der euch geholfen hat? Muss man den kennen?", fragte der Vater seine Tochter.

„Er wohnt hier in der Straße, und er geht auf meine Schule."

„Was macht sein Vater – beruflich?"

„Woher soll ich das wissen?“

Er sah seine Tochter an.

„Darf ich aufstehen?“, fragte sie.

„Wieso säuft die in ihrem Alter?“, fragte er seine Frau. „Wenn sich das herumspricht. So was kann ich jetzt gar nicht gebrauchen.“

„Wieso säufst du?“, fragte seine Frau.

Da schlug er seiner Frau ins Gesicht und sagte seiner Tochter, dass sie jetzt aufstehen dürfe.

Die Tochter ging in ihr Zimmer, legte sich auf das Bett und weinte.

Später entschuldigte er sich bei seiner Frau: „War nicht so gemeint“, sagte er und klopfte ihr auf den Hintern.

❊

„Mach dir keine Sorgen um deine Nase, Schätzchen. Die lassen wir richten. Die war vorher schon nicht besonders“, ihre Mutter beugte sich zu ihr herunter und hauchte ihr links und rechts ein Küsschen auf die Wange.

Sie würde noch ein paar Tage im Krankenhaus bleiben müssen. Die Krankenschwestern waren sehr nett zu ihr, und die anderen beiden Mädchen in ihrem Zimmer mochte sie auch.

Eigentlich war es schön hier, dachte sie, schöner als zu Hause.

„Deine Mutter riecht gut“, sagte das Mädchen im Bett neben ihr.

„Ja“, sagte sie. „Das tut sie.“

❊

Die Schulleiterin hatte nur lobende Worte: Ein Held sei er. Ein echtes Vorbild. Für sein beherztes Eingreifen wolle man ihm eine Medaille überreichen und eine Urkunde. Und die Eltern der beiden Unglücksfahrerinnen hätten noch etwas ganz Spezielles.

Dann holte sie ihn auf die Bühne der Schulaula. Alle klatschten.

Die Schulleiterin überreichte ihm die Medaille und die Urkunde. Ein Mann klopfte ihm auf den Rücken, gab ihm ein Geschenk, flüsterte, dass das ein Laptop sei, saugeil. Eine duftende Frau küsste ihn links und rechts auf die Wange. Die Direktorin zog ihn vor zum Rednerpult.

„Lieber Jonathan, jetzt bist du sicher überrascht", sagte sie.

Jonathan sah sie an, sah den fremden Mann und die Frau an, das Paket in seinen Händen, die Urkunde, die Medaille. Er legte die Gaben auf den Boden, trat nach vorne und stellte das Mikrofon auf seine Körpergröße ein.

„Es ist richtig", begann er mit klarer Stimme, die Hände steckte er in die Hosentaschen. „Ich hab von dieser Überraschung nichts gewusst. Und es wäre besser gewesen, Sie hätten mit mir vorher geredet, mit mir persönlich gesprochen, statt nur über mich zu reden."

Er schwieg. Das Publikum schwieg.

„Und", fuhr er fort und sah dabei den Mann an, die Frau und die Schulleiterin. „Ich möchte diese Medaille nicht, auch die Urkunde möchte ich nicht und auch kein Geschenk."

Er richtete den Blick nach vorne auf die Stuhlreihen, wo Schüler und Lehrer saßen und ihn verwundert anstarrten.

„Es war richtig, was ich getan habe. Den beiden Mädchen zu helfen. Das weiß ich", sagte er ruhig. „Aber gerne … gerne hab ich das ganz bestimmt nicht getan."

❉

Zu Hause in der Küche fragte ihn die Mutter, wie es in der Schule gewesen sei.

„Wie immer."

„Schön", sagte sie.

„Gibt's bald was zu essen? Ich hab tierisch Kohldampf."

„In zehn Minuten. Du kannst schon mal den Tisch decken. Bitte."

Als sie zu Tisch saßen, klingelte es.

„Ich heiße Johanna", sagte das Mädchen mit der geschwollenen Nase. „Ich wollte nicht stören, aber kann ich bitte mit Ihrem Sohn sprechen."

„Komm herein. Wir essen gerade. Hast du Hunger?"

Jonathans Vater führte das Mädchen in die Wohnküche.

Es war ein buntes Haus, mit viel Durcheinander. Um den alten Holztisch saß eine Familie.

„Darf ich vorstellen, das ist Jonathans Schulfreundin mit dem schönen Namen Johanna."

Die Mutter lächelte ihr zu, Theresa lächelte ihr zu, Jonathan sah sie entsetzt an.

„Es gibt Fischstäbchen und Kartoffelbrei. Das schmeckt super. Das ist unser Familienlieblingsessen", sagte die Mutter und holte einen Teller und Besteck.

Der Vater brachte einen Stuhl, den er neben Jonathan stellte.

Bei ihr zu Hause gab es Loup de Mer mit Duftreis. Fischstäbchen kannte Johanna nicht.

„Darf ich?" Sie sah Jonathan an.

Er nickte, Johanna nahm neben ihm Platz.

Die anderen gaben ihr von den Fischstäbchen und dem Kartoffelbrei auf ihren Tellern ab.

„Jonathan", sagte die Mutter, „gib Johanna bitte eines von deinen Fischstäbchen."

Er dachte nicht daran.

„Ich wollte mich bei dir entschuldigen", sagte Johanna leise, aber für alle noch verständlich.

„Wofür?", fragte er.

„Für alles. Für die dummen Bemerkungen. Dafür, dass ich dir die Hose vollgekotzt habe."

Vater, Mutter, Tochter sahen sie an. Jonathan sah seine Fischstäbchen an, machte mit der Gabel ein Muster in den Kartoffelbrei.

„Meinst du, bloß weil du jetzt eine hässliche Nase hast, bist du mir sympathischer?", sagte er.

„Nein. Natürlich nicht", sie schluckte. „Da müsste die Nase schon ganz ab sein. So viel ist klar."

Jonathan öffnete den Mund.

„Jonathan", sagte der Vater, „du hast sicher deine Gründe, sauer zu sein. Aber Johanna hat sich entschuldigt. Und ich möchte nicht, dass du jetzt noch einmal nachtrittst."

Jonathan legte die Gabel an den Tellerrand, schob seinen Stuhl nach hinten.

„Jonathan und Johanna", Theresa kicherte. „JoJo."

Jonathan stand auf.

Wenig später kam er mit einer kleinen grünen Flasche zurück, legte zwei von seinen Fischstäbchen auf Johannas Teller und reichte ihr die grüne Flasche.

„Du musst Zitrone auf die Fischstäbchen tun, dann schmeckt es echt abgefahren."

# Wert

Schwiegermutterzungen standen zwischen ihnen.

Seit ein paar Tagen saß er ihr gegenüber. Er sah sie nur selten. Er hörte sie kaum. Aber er spürte sie. Wenn sie da war, raschelte es im Gebüsch.

Manchmal begegneten sie sich im Flur. Sie trug schmale Hosen, einen Pulli und eine große Sonnenbrille. Die Haare hatte sie unter einem Kopftuch versteckt. Sie sah sehr französisch aus.

❊

Sie brauchte die Abgeschiedenheit an ihrem Schreibtisch.

Jeden Morgen, wenn sie kam, goss sie zuerst Wasser auf ihre Schwiegermutterzungen und staubte die langen, hohen Blätter ab. Siebenundfünfzig hatte sie um ihren Tisch gepflanzt, links und rechts und vorne. Ein Sichtschutz in drei Richtungen. Hinter ihr war die Wand.

Die grüne Mauer hatte sie zur Bedingung gemacht. Sonst würde sie hier nicht arbeiten, hatte sie dem Chef gesagt und dass die Pflanzen gut für das Büroklima wären – Feuchtigkeit, Sauerstoff.

Er habe nichts gegen Grün, Grün sei gesund, hatte der Chef geantwortet.

Wenn sie ihre Sansevierien versorgt hatte, setzte sie die Kopfhörer von ihrem iPod auf. Auf dem nichts war.

Vermutlich, so dachte sie, würde der Neue heimlich zwischen den Blättern hindurchspähen, um einen Blick auf sie zu erhaschen.

❈

Durfte er eine Frau, die sich hermetisch hinter einem grünen Vorhang vor ihrer Umwelt abschottete, einfach ansprechen? Sollte er durch diesen floralen Zaun hindurchbrüllen: „Übrigens, ich bin Ihr neuer Kollege, ich finde Sie sehr skurril, aber ich habe ein Faible für Wahnsinnige und wollte Sie deshalb fragen, ob Sie in der Mittagspause mit mir zusammen ein Softeis schlecken wollen?“

Softeis würde sie eventuell verschrecken. Sie könnte befürchten, dass er ein schlecht erzogener Sexmaniac war. Und dass nichts mit ihm soft werden würde.

❈

Vielleicht würde er sie demnächst fragen, ob sie eine Feministin sei, wegen des Kopftuches, wegen Simone de Beauvoir, wegen ihrer Arroganz, oder ob sie prominent, aber verarmt sei und deswegen hier inkognito schuften müsse.

Wenn er ganz leger drauf war, könnte er auch laut darüber spekulieren, wie viele Chemos sie wohl schon hinter sich habe.

Womöglich würde er mit zwei Kugelschreibern die Blätter auseinander schieben und dann zu ihr sagen: „Na, meine Süße, wollen wir in der Kantine einen Himbeerpudding verschnabulieren.“

Sie müsste dann zu ihm sagen, dass sie seine Finger an den

Schreibtisch tackern würde, sollte er noch einmal ihre Schwiegermutterzungen anfassen.

❊

Wenn er morgens in die Agentur für mediales Denken kam, war sie schon da. Wenn er abends die Agentur für mediales Denken verließ, blieb sie noch da.

Keiner wusste, wo sie wohnte, wie sie lebte, wer sie eigentlich war.

„Lass die Finger von ihr“, sagte man ihm, als er die Kollegen nach ihr fragte. „Sie hat die besten Ideen, aber sie tickt nicht richtig.“

Mit der sei insgesamt nicht gut Kirschen essen.

Er beschloss, ihr hinterherzufahren.

❊

Sie war sich sicher, dass die Kollegen über sie redeten.

„Vergiss es, bei der wirst du nicht landen“, würden sie sagen, falls er überhaupt so einer war, der landen wollte.

Spätestens in ein paar Wochen würde er den Chef bitten, ob es nicht einen anderen Platz für ihn gäbe. Der Spirit sei bewölkt da, in dieser grünen Zelle, würde er vielleicht sagen und dass er unter solchen Bedingungen nicht nachdenken könne. Hinter diesen meterhohen Blattschwertern hause eine Hexe, und vor der habe er Angst.

❊

Sie stellte ihr Fahrrad neben der Eingangstür ab und betrat das mehrstöckige Haus.

Fünf Fenster mit einer Balustrade davor waren mit Kletterpflanzen, Efeu, Bäumchen und Blümchen beinahe zugewachsen.

Nach einer Minute gingen die Lichter in der Wohnung an.

Er stand auf der gegenüberliegenden Straßenseite, zündete sich eine Zigarette an und blickte auf die Fenster im zweiten Stock.

❊

Als sie am nächsten Morgen in die Arbeit kam, saß er schon da. In die grüne Mauer hatte er ein Fenster geschnitten.

Die abgetrennten Zungen lagen vor ihr auf dem Tisch.

„Ich wollte Ihr Gesicht sehen."

Ihr war übel, und es kostete sie Mühe, die aufkommenden Tränen zu unterdrücken.

Er sah sie an und wusste, dass er einen Fehler gemacht hatte. Im Grunde müsste er jetzt nur sagen, dass es ihm leid täte. Die entsprechenden Floskeln dazu hatte er sonst immer parat.

„Ich will aber Ihr Gesicht nicht sehen", sagte sie und drehte sich um. Es war sonst keiner da. Sie könnte gehen und nicht wiederkommen.

„Bitte laufen Sie nicht weg."

Sie drückte ihre Tasche fest an den Körper.

„Warum wollen Sie mein Gesicht nicht sehen?", fragte er.

„Ich habe keine Sehnsucht nach Menschen", antwortete sie und wandte sich ihm zu.

„Das ist doch nicht normal."

„Ich habe nie behauptet, dass ich normal bin."

„Warum sollten Sie nicht normal sein?"

Sie setzte sich auf ihren Stuhl, legte die Tasche vor sich auf den Tisch.

„Mein jüngerer Bruder hat vor zwei Jahren jemanden getötet. Eine Freundin von mir.

Seitdem habe ich keine Freunde mehr. Meine Eltern haben keine Freunde mehr. Ich habe keinen Ehemann mehr.

Mein mittlerweile von mir geschiedener Mann geht in Therapie, weil er sich schlecht fühlt. Wegen mir. Er fühlt sich schuldig, weil er mich im Stich gelassen hat. Er schreibt mir jeden Tag E-Mails, dass es ihm so schlecht geht. Wegen dieser Sache. Dass er etwas an sich entdeckt hat, dass ihm unsympathisch ist. Darüber redet er und darüber schreibt er. Sehen will er mich aber nicht. Und jetzt soll daraus ein Buch werden. Aus seiner Situation wird jetzt ein Roman."

„Sie sollten Ihre E-Mail-Adresse ändern."

„Finden Sie?"

„Auf jeden Fall."

„Ich weiß nicht mehr, was ich wert bin. Wert bin mit diesem Bruder. Wert bin ohne diesen Bruder."

Er nahm eine der abgeschnittenen Zungen in die Hand und strich mit dem Daumen darüber.

„Die Leute standen vor dem Haus meiner Eltern. Sie haben reingegafft. Manchmal haben sie auch unangenehme Dinge gegen die Fenster geworfen."

„Können Sie die Brille abnehmen?"

Sie schüttelte den Kopf.

„Warum nicht?"

„Meine Augen sind hässlich."

„Vom Weinen."

Sie nickte.

„Ich werde Ihnen die Pflanzen ersetzen."

„Danke."

Sie nahm ihren iPod aus der Tasche, hielt ihn in der Hand.

„Manchmal gehe ich an das Grab meiner Freundin. Heimlich. Alleine. In der Dämmerung. Und ich besuche meinen Bruder regelmäßig im Gefängnis."

Sie schwiegen.

Er würde sicher froh sein, wenn die Sansevierien wieder zwischen ihnen standen. Wenn er sie nicht mehr anschauen musste. Vielleicht würde man ihm auch einen anderen Arbeitsplatz zuweisen.

Alles würde sich beruhigen.

Oder sie würden ihr kündigen. Und auch das wäre eine Beruhigung.

„Darf ich Sie begleiten, wenn Sie das nächste Mal an das Grab Ihrer Freundin gehen?"

„Warum?"

„Weil Sie da schon oft genug alleine hingegangen sind."

❉

Er parkte in der Nähe des Haupteingangs, stieg aus, ging um das Auto herum, öffnete die Beifahrertür, reichte ihr die Hand.

Und sie nahm sie an.

# Großes Kino

Er war schuld, dass ein Mensch auf fünfhundert abstürzte.

Natürlich hätte er nicht aufstehen müssen. Keiner macht dir Vorwürfe, wenn du es weißt, dich aber nicht traust, es zu sagen. Wenn du dich aber traust und du weißt es nicht, dann bist du schuld.

Er hatte die Sendung nicht gekannt, den Moderator in diesem grauen Anzug sowieso nicht. So einen Anzug hatte er vor vierzig Jahren getragen, als er sich in dem Konvent vorgestellt hatte. Männer in grauen Anzügen gingen also ins Kloster oder zum Fernsehen.

Seine Mitbrüder hatten ihm die Eintrittskarte zum Geburtstag geschenkt. „Bruder Martinus, fahr da hin, dann kannst du dich vielleicht dort einmal zu Wort melden."

Es war nicht so, dass er grundsätzlich nicht sprach. Wenn man ihn fragte, dann antwortete er. Würde er gefragt, wie es ihm ginge, würde er sagen: „Schlecht. Und jetzt noch schlechter."

Nach dieser Sendung war sein Leben eine Katastrophe. Trotz Gott.

Es war die 1-Million-Euro-Frage gewesen und er der letzte Joker. Einer aus dem Publikum. Er war sofort aufgestanden. Als Einziger. Ein junger Mann reichte ihm ein Mikrofon. Er trug Jeans und Hemd, keinen Anzug, nicht alle tragen sie also einen grauen Anzug beim Fernsehen, hatte er sich noch gedacht.

„Guten Abend, Sie sind Herr?“, begrüßte ihn der Moderator.

Er stellte sich vor.

„Und Sie kommen aus ...?“

„... München.“

„Ich sehe, Sie tragen eine Kutte. Demzufolge sind Sie ...?“

Für einen wie ihn waren das zu viele Fragen in zu kurzer Zeit.

„Demzufolge bin ich ein gläubiger Mensch“, antwortete er.

Das Publikum lachte, der Moderator lächelte, und er selbst verstand nicht, warum.

„Sie sind der Einzige, der aufgestanden ist. Wir sind bei einer Million. Das ist mutig. Ich hätte mich das nicht getraut. Aber Ihr Wort in Gottes Ohr“, sagte der Moderator und wiederholte noch einmal die Frage: „Wer spielte in dem Film *Die Stadt ohne Juden* mit? War das a) Peter Lorre, b) Hans Moser, c) Gustaf Gründgens oder d) Albert Bassermann?“

„Das war Peter Lorre“, antwortete er.

„Sind Sie sich absolut sicher?“, fragte der Moderator.

„Selbstverständlich.“

Der Kandidat strahlte ihn an, bedankte sich sehr herzlich und versprach, dass er sich erkenntlich zeigen würde.

Der Moderator fragte den Kandidaten, was er selbst denn genommen hätte.

„Hans Moser.“

„Und was machen wir jetzt?", fragte der Moderator.

„Ich nehme Peter Lorre."

Als der Moderator schließlich verkündete, dass die Antwort falsch sei, ging ein Raunen durch das Publikum.

Er fühlte sich der Hölle näher, als er jemals zu fürchten gewagt hätte. Die anderen sahen ihn von der Seite an. Schweiß lief ihm über das Gesicht. Hätte er nur einmal mehr geschwiegen, es wäre nicht weiter aufgefallen und hätte ihm Kummer erspart.

„Das macht doch nichts", sagte der Kandidat, als der Moderator ihm tröstende Worte zusprach, und lächelte. „Ich freue mich, dass ich hier sein durfte. Ich bin sehr zufrieden. Es ist ein besonderer Moment für mich."

❉

Seit diesem Tag bestimmte Angst sein Leben. Angst, dass dieser Mann zu ihm kommen und ihn zur Rechenschaft ziehen würde. Er kannte seinen Namen. Er würde ihn finden. Vielleicht müsste man zur Polizei gehen. Möglicherweise brauchte er Schutz.

Seit diesem Tag ließ er sich verleugnen. Seine Mitbrüder wunderten sich über sein sonderbares Benehmen, sagten aber nichts. Und ob ihm die Sendung denn gefallen habe, hatten sie gar nicht erst gefragt.

❉

Dann hatte er in dem aufgeschlagenen Kirchenbuch für die Gäste seine Nachricht gefunden. „Bruder Martinus, rufen Sie mich an."

Stundenlang war er daraufhin durch die regennassen Straßen geirrt. Dass er weinte, bemerkte er nicht. Erschöpft hatte er sich schließlich auf die Stufen eines Ladens gesetzt. Das Gesicht in den Händen vergraben.

„Hallo, Sie da, ich müsste da bitte rein."

Er blickte hoch. Eine junge Inderin mit kurzen Haaren. Sie trug Herrenhosen, ein enges T-Shirt und einen schwungvollen Lidstrich.

„Alles okay?", fragte sie.

Er sah sie an. „Was machen Sie da?"

„Ich muss da rein, ich muss meine Filme zurückgeben."

„Darf ich bitte mitkommen?"

„Was?"

„Bitte!"

„Wozu? Da gibt's nichts zu sehen. Da ist ein Automat, da schieb ich meine Filme rein und fertig."

„Darf ich bitte mitkommen?"

Sie zögerte erst, dann hielt sie ihm die Hand hin, half ihm hoch und öffnete mit ihrer Karte die Tür.

„Ich bin ein absoluter Film-Freak", sagte sie und zog drei blaue DVD-Hüllen aus ihrer Tasche hervor.

Das hatte ihm gerade noch gefehlt, eine Cineastin, dachte er sich: „Was haben Sie denn angesehen?"

„*Das Duell*, *Kleine Morde unter Freunden* und *Das Leben der Anderen*."

„Schöne Filme?"

„Schön, na ja. Spannend der eine, sehr böse der andere und der dritte schon schön, weil ein Mensch sich ändert."

Sie sah ihn an: „Setzen Sie sich doch da auf die Fensterbank, ich leih mir einen neuen Film aus. Das kann dauern."

Er hatte früher auch gern Filme angesehen, mochte Western und die Hitchcock-Filme. *Psycho* und *Vertigo*. Die schöne Frisur von Kim Novak und den hübschen BH von ... an ihren Namen konnte er sich nicht mehr erinnern. Dann war er in den Orden eingetreten und sah keine Filme mehr an. An die Hitchcock-Blondinen dachte er noch oft.

„Wie heißen Sie?", fragte er.

Die junge Frau drehte sich um. „Anna."

„Ich bin Bruder Martinus."

„Freut mich."

„Was leihen Sie sich jetzt aus?"

„Einen Liebesfilm. *Broken Circle* heißt er. Kennen Sie den?"

Er schüttelte den Kopf.

„Ich auch nicht."

Er fühlte sich sicher bei Anna.

„Gut. Ich bin fertig."

Er stand auf. Sie sah ihn an. Sie habe zwei Bier dabei, eigentlich für ihren Kinoabend zu Hause, sagte sie. Ob sie die zusammen trinken sollten. Er nickte und setzte sich wieder hin. Sie nahm neben ihm Platz und öffnete die beiden Flaschen.

„Ich hab schon lange kein Bier mehr getrunken", sagte er.

„Dann leben Sie aber sehr weltfremd", sagte Anna. „Kann man sich das als Katholik heute noch leisten?"

Er schmunzelte. Sie grinste zurück. Dann stießen sie mit den Flaschen an.

„Ich werde verfolgt", sagte er und hörte nicht mehr auf zu reden.

Eine Stunde später standen sie beide auf.

„Rufen Sie ihn an. Dann wissen Sie mehr. Jetzt wissen Sie gar nichts, aber haben umso mehr Angst. Wollen Sie das?", fragte sie.

Er schüttelte den Kopf.

Sie neigte den Kopf zur Seite, sah ihn skeptisch an. In einer Hand die leere Bierflasche, breitete sie die Arme aus wie der Christus von Rio de Janeiro: „Mann, jetzt. Keine Panik. Ihr Chef wird schon aufpassen."

❈

„Und du hast mich wirklich nicht erkannt?", fragte der Kandidat, als sie sich am Monopteros trafen.

Er schüttelte den Kopf. Sie saßen nebeneinander auf der Steinmauer.

„Es tut mir leid wegen der Million, ich fühl mich sehr schuldig."

„Ach geh. Du bist aufgestanden und hast eine falsche Antwort gegeben. Wo ist da die Schuld? Jedes Schulkind gibt falsche Antworten. Ist es deshalb schuldig? Aber Schuld gehört bei euch ja zur Corporate Identity."

Er zögerte, sah ihn an: „Nenn mir ein Unternehmen mit einem sauberen Image."

Sie lachten beide.

„Aber das viele Geld."

„Ich hab genügend Geld."

„Bist du etwa schon Millionär?"

„Ich hab nur gesagt, dass ich genügend Geld hab."

Sein Freund aus Kindertagen reichte ihm eine Zigarette. Unten auf der Wiese trommelten Afrikaner. Vom Chinesischen Turm hörte man leise die Blasmusik. Und dann geschah, was er sich schon lange gewünscht hatte.

„Wie geht es dir, Bruder Martinus?"

# Kinderkram

Er trug den alten Strohhut, ein kurzärmeliges Hemd, im Mundwinkel hing wie üblich eine Zigarette, und seine Hände steckten in den Hosentaschen.

Sie nahm Anlauf und schoss.

Alles, was ihr Vater bewegte, war die Zigarette.

Niedergeschlagen und beschämt sah sie ihn an.

„Los, gleich noch einen. Irgendwann triffst du schon", rief der Vater. Dazu hatte er die Zigarette kurz aus dem Mund genommen und diesen zu einem breiten Grinsen verzogen. Sofort danach steckte er die Zigarette wieder in den Mund und schob seine Hand in die Hosentasche, schlenderte entspannt zum Ball und kickte ihn passgenau zu ihr zurück. „So, jetzt aber, jetzt zeigst du's mir, ja?" Er beugte sich ein wenig nach vorn, als ob er eine Abfahrt hinunterbrettern wollte, nur dass er die Arme weit ausgebreitet hatte. Dann hüpfte er nach links, hüpfte nach rechts. Band die Schnürsenkel zusammen, richtete sich auf und schob die Hände zurück in die Hosentaschen. „Mach mich fertig, kleine Prinzessin!"

Sie sah ihn böse an.

„Große Prinzessin. Entschuldigung. Sehr, sehr große Prinzessin", sagte er, kippte die Asche von der Zigarette und nahm einen Zug. Die Hand kam sofort wieder in die Hosentasche.

Bei ihrem nächsten Schuss drehte er den Kopf leicht seitwärts, um die Flugbahn des Balls weit über das Tor hinweg zu verfolgen. Die Zigarette immer noch im Mund. Die ein klein wenig wippte. So als ob sie sich über diesen Fehlschuss lustig mache.

Eines Tages würde sie diese dämliche Fluppe mit einem Mörderschuss enthaupten. Die Zigarette würde sich um die eigene Achse drehen und dann langsam wie ein Hubschrauberpropeller zu Boden segeln. Der Filter würde immer noch zwischen den Lippen ihres Vaters stecken. Und der würde sie voller Respekt anschauen, durchaus angsterfüllt.

Sie würde auf den Rasen spucken, wie man nach getaner Arbeit eben auf den Rasen spuckt.

❈

„Manchmal hasse ich meinen Vater", sagte Nine.

„Ich hasse meinen Vater jeden Sonntag. Und jeden zweiten Donnerstag", sagte Manuel.

„Warum?"

„Dann bringt er seine Tussi mit nach Hause. Dann sexen sie. Und wenn's ganz schlimm kommt, stöhnt er wie ein Bekloppter. Ühihuhiüüüüühü."

„Er stöhnt mit Ü?", fragte Nine.

„Mit Ü. Und zwar nicht nur mit einem."

„Im Türkischen gibt es auch viele Üs. Süpermarket sagen die. Klingt doch cool, Süpermarket."

„Mit unseren Vätern haben wir nicht wirklich das große Los gezogen“, sagte Nine und seufzte.

„Vielleicht sollten wir abhauen.“

„Wohin?“

„Ins Hotel“, sagte Manuel.

„Ein gutes Hotel kann ich mir nicht leisten, und in ein schlechtes Hotel will ich nicht.“

Sie war manchmal ganz schön zickig, dachte Manuel. „Aber wehren müssen wir uns auf jeden Fall, sonst geht das immer so weiter, sonst hat das nie ein Ende.“

„Vielleicht brauchen wir einen Anwalt“, sagte Nine.

„Auch zu teuer.“

„Habt ihr keine Rechtsschutzversicherung?“

„Das weiß ich nicht“, sagte Manuel.

„Wir sind gegen alles versichert. Aber wenn's richtig hart kommt, dann hilft dir keine Versicherung der Welt weiter.“

Er nickte wissend: „Wir drohen ihnen einfach, dass wir an die Öffentlichkeit gehen. Zu einer Zeitung.“

„Oder auf Facebook. Dann weiß es jeder. Das ist viel effektiver.“

„Oder wir machen unsere eigene Homepage. Und da können sich dann alle Kinder über ihre Alten beschweren. Wir machen unser eigenes Start-up-Unternehmen.“

„Dann werden wir auch noch richtig reich“, sagte Nine.

Sie lachten.

„Ich sag meinem Vater, dass er ausziehen soll“, sagte Manuel.

„Und ich? Was soll ich machen?“

„Wir üben einfach so lange Elfmeterschießen, bis du deinen Vater

zumindest mitten ins Gesicht triffst. Dann ist die Kippe auch weg. Und dein Vater wird dann schon kapieren, was Sache ist. Aber dass du die Zigarette allein triffst, das trau ich dir echt nicht zu."

„Das ist zu schwierig?"

Er nickte.

„Und wenn dein Vater nicht auszieht?"

„Dann ruf ich die Bullen", er grinste. „Das ist umsonst."

„Ich hab eine bessere Idee. Ich komm dich nächsten Sonntag besuchen. Dann gehen wir in dein Zimmer", sagte Nine. „Und dann stöhnen wir beide ganz laut und brüllen: ÜÜÜÜoooohhahühott. Glaub mir, da vergeht deinem Vater ganz schnell das Sexen."

Wenn Manuel lachte, geriet er in ungewöhnliche Tonlagen. Das störte Nine aber nicht, auch wenn er sehr lange lachte.

Sie saßen auf den Treppenstufen und warteten.

❊

Dann kamen ihre Väter, um sie abzuholen von der Trauergruppe. Dorthin gingen sie seit mehr als zwei Jahren. Als ihre Mütter gestorben waren. Manuels Mutter an Krebs, Nines bei einem Autounfall. Ihre Väter hatten sie in die Gruppe geschickt. Am Anfang war das komisch gewesen, über das Traurigsein zu reden. Aber es war auch gut. Und obwohl es jetzt schon eine Weile her war, dass ihre Mütter gestorben waren, gingen sie immer noch in die Gruppe. Nine wegen Manuel und Manuel wegen Nine.

Es war ein schönes Gefühl, sich auf den anderen zu freuen.

„Ich bin froh, dass wir Freunde sind", sagte Nine.

„Das kannst du glauben", sagte Manuel.

# Mann allein

„Ich möchte dich nicht küssen. Jetzt nicht und später auch nicht. Und um ganz ehrlich zu sein: Ich möchte dich nie wieder küssen."

„Bist du dir da sicher?", fragte er.

„Todsicher", sagte sie.

Kurz war er verschreckt.

Es passe einfach nicht zwischen ihnen beiden und da sei definitiv keiner schuld dran, aber man müsse ja nicht romantisch tun, wenn es nicht stimme, so was sei dann nicht mehr gefühlvoll, sondern einfältig und verantwortungslos, fuhr sie fort, gab ihm seinen Wohnungsschlüssel mit dem blinkenden Seepferdchenanhänger und verlangte den ihren zurück.

„Den müsste ich erst einmal suchen", antwortete er, als sie ihm forsch ihre geöffnete Hand entgegenstreckte.

❈

„Wenn du Kummer hast, fahr in die Türkei", empfahl sein Freund Cem. „Und kauf dir was Schönes ... kauf dir einen Anzug. Einen Anzug in der Türkei kann sich jeder leisten."

Er folgte dem Rat des Freundes und suchte Trost in der Fremde.

❉

Freund Cem besaß eine kleine Wohnung in einer türkischen Stadt direkt am Meer. Weil er nicht immer flüssig war, vermietete er das Apartment gelegentlich an außereheliche türkisch-russische Paarungen. Zu deren Unterstützung er im Werkzeugkasten für den Fall der Fälle eine Packung Potenzantriebsmittel deponiert hatte.

Die Wohnung befand sich in einem mehrstöckigen Neubau in der Straße der Sofas und Waschmaschinen, die auf dem Gehweg, aber auch in Läden feilgeboten wurden.

Unten im Haus fertigte eine junge Frau in Handarbeit ungewöhnliche Stöckelschuhe – für Damen und Herren, deren Profession schnelle und schnörkellose Leidenschaft versprach.

Während auf der anderen Straßenseite die Leute Schlange standen, um Brot zu kaufen und süße Schnecken mit Sesamcreme.

❉

Vor zwei Stunden erst war er gelandet, ein Cousin des Freundes hatte ihn am Flughafen abgeholt und ihm Anweisungen für den Umgang mit der Wohnung gegeben.

Im roten Salon hing ein lebensgroßes Hochzeitsfoto von Cem und seiner Frau. Dieser Anblick trieb ihn fünf Stockwerke hinunter in die Freiheit der Einsamen.

❉

Jetzt saß er auf einem Zweisitzer aus beigem Veloursleder und reflektierte. Links von ihm ein Mann, der aufrecht eine Holzstange hielt, an der einundzwanzig rosa Zuckerwattewolken hingen. Rechts von ihm neben dem Sofa der untere Teil einer dünnen weiblichen Schaufensterpuppe in grünen Röhrenjeans.

Er kaufte dem Mann den Holzstab mit der Zuckerwatte ab, stand auf und ging.

❊

In einem Kulturpark mit altem Baumbestand stieß er auf eine öffentliche Freiluft-Fitnessanlage mit Blick aufs Meer, wo ältere Herrschaften Körperertüchtigung und soziales Verhalten demonstrierten.

Aus dem Lautsprecher schepperte Kid Creole:

*There's a gentleman that's going round*

*Turning the joint upside down*

*Stool Pigeon – ha-cha-cha-cha*

Eine alte Dame mit elektrischer Zigarette im Mund stellte sich vor ihn, lächelte ihn an und ließ raffiniert die Hüften schlackern, während ihr Begleiter seine in die Jahre gekommene Oberarmmuskulatur durch rhythmisches Kreisen auf gelben rotierenden Scheiben stärkte.

Mit dem Zuckerwattestab in der Linken glich er seine Körperbewegungen dem Schunkeln der Frau an.

Als das Lied zu Ende war, pustete die Dame den Wasserdampf ihrer Zigarette in sein Gesicht und streichelte freundlich seine Wangen.

Er mochte es, wenn die Frauen ihn mochten.

Oberhalb der Klippen warf er die Zuckerwatte nach und nach in ein breites türkises Brunnenbecken, aus dem das Wasser in flachen Stufen zum Meer hinabfloß.

❊

Wenn er wollte, könnte er sie zurückerobern. Mit einem Zauberpantöffelchen aus der hauseigenen Schuhmacherei.

„Süße, gib mir bitte deine Schuhgröße“, schrieb er der Verlorenen per SMS.

„Schatzi, gib mir bitte meinen Schlüssel“, lautete ihre Antwort.

„Herzlose Domina!“, entfuhr es ihm.

Der Schuhverkäufer, ein Einsfünfundachtziger in roten Plateaustiefeln, Lackkostüm und unter falschen Wimpern, sah ihn an und hauchte lasziv: „Love hurts.“

Er mochte es, wenn ein Mann ihm präzise die Welt erklärte.

Und hatte Hunger.

❈

In einem einfachen Speiselokal in der Straße der Antiquitäten aß er Bratkartoffeln, Auberginen und gemischten Salat mit dickflüssigem Granatapfeldressing.

Im Fernsehen liefen die Nachrichten. Staatsmännische Anzugträger in Syrien, Israel, in der Türkei und im Westjordanland stiegen aus schicken Autos aus oder in schicke Autos ein. Wenn man nicht aufpasste, konnte man leicht die Orientierung verlieren – welcher Staatsmann zu welchem Land zu welchem Auto gehörte.

Zum Abschluss spendierte ihm der Wirt eine Tasse Nescafé.

❈

Nach einem abendlichen Spaziergang durch die Altstadt landete er schließlich in einem tiefschwarzen Club für Live-Musik, wo der DJ eine CD mit den Greatest Hits von Falco spielte und er der einzige Gast war.

Er mochte es, wenn er seine Ruhe hatte.

❈

Schlafen konnte er in dieser Nacht nicht, weil in der Wohnung über ihm ein Staubsauger für Ordnung sorgte, weil um 5 Uhr frühmorgens diverse Muezzins über die Dächer der Stadt hinweg zum Gebet aufriefen und weil Sehnsucht sein Gemüt peinigte.

❊

Wenige Stunden später ging es schon wieder zurück.

„Das Leben ist eine lange Häuserzeile, die immer und irgendwann in einem gigantischen Einkaufszentrum endet", sagte der Taxifahrer, der in Oberhausen aufgewachsen war und ihn durch unübersichtliche Neubausiedlungen zum Flughafen brachte. „Verstehst du?"

„Ich verstehe."

„Wie heißt du?", fragte der Taxifahrer.

„Richard."

„Richard? Wie kann man Richard heißen?", sagte der Taxifahrer und lachte in einem fort.

„Wie heißt du?", fragte Richard.

„Ali."

„Auch sehr ungewöhnlich."

❊

Sie saß zwei Sitze neben ihm und wartete anscheinend auf den gleichen Flieger.

Beide nahmen sie teil an einer Touristenbefragung und füllten einen Fragebogen aus, den freundliche junge Frauen an die Fluggäste verteilt hatten.

„Ich weiß, das wird Sie nicht interessieren", sagte Richard, ohne sie anzusehen, rückte einen Sitz näher und räusperte sich. „Aber ich muss es Ihnen sagen. Ich habe Liebeskummer. Und es tut weh."

Sie drehte langsam den Kopf und sah ihn an.

Sprachlose Blicke mochte er nicht.

„Ohne Schmerz keine Heilung. Ohne Heilung kein Neuanfang", antwortete sie und schlug ihre Beine übereinander. „Aber verlieben Sie sich nicht in den Schmerz, dann wird aus Schmerz Leid."

„Meinen Sie?"

Er ließ den Umfrageleihbleistift zwischen den Fingern kreisen.

Die bekannte Ex-Politikerehefrau wandte sich wieder dem Fragebogen für touristisches Verhalten zu.

„Möchten Sie ein Paar purpurne Pantöffelchen? Handgefertigt", fragte Richard.

„Wer möchte keine purpurnen Pantöffelchen?", fragte die ehemalige Ehefrau.

# Oh Du Ja

Sie war seine Nachbarin und schien nur einen Fuß zu haben.

Vor ihrer Wohnungstür standen abwechselnd ein Turnschuh, eine Sandale, ein Holzpantoffel, ein Pump, eine Stiefelette. Eine einbeinige Schuhfetischistin.

Manchmal hörte er sie nach Hause kommen. Klok, klok, klok. Sie war ihm unheimlich.

Als die Männer bei ihm läuteten und meinten, dass sie eine Lieferung für seine Nachbarin hätten, wollte er nicht nein sagen, schließlich hatte sie nur ein Bein. Er warf ihr einen Zettel in den Briefkasten und bat sie, diese Gerätschaft abzuholen. Nach zwei Wochen war er des Wartens überdrüssig und läutete an ihrer Wohnungstür, vor der ein Nato-grüner Gummistiefel stand, denn dieser Sommer verhielt sich bislang verhalten.

Die Tür wurde zügig von einer jungen Frau geöffnet. Er grüßte höflich, erklärte, dass er der neue Nachbar sei, seit ein paar Wochen zumindest, und schilderte den Grund seines Erscheinens.

Vermutlich würde sie ihm jetzt elf Minuten lang ohne Punkt und Komma und vor allen Dingen ohne seine Erlaubnis erzählen, dass sie so viel Stress habe, die chronische Heiserkeit, das aufdringliche Finanzamt, der noch aufdringlichere Kollege, ausschweifende Sexpraktiken, die sich aufs Gemüt schlagen, gar keine Sexpraktiken, Unterhaltszahlungen an den Ex, Laktoseunverträglichkeit, Stauballergie, Probleme mit der neuen Rechtschreibung. Sie würde all sein Verständnis für ihr qualvolles Dasein einfordern. Sie würde die ganze Aufmerksamkeit auf sich ziehen. Sie würde sich natürlich jeden Vorwurf seinerseits verbitten.

Und sie würde ihm sehr auf den Zeiger gehen.

„Oh!“, sagte sie.

Er sah ihr ins Gesicht und ein klein wenig tiefer, was ihm nicht angebracht erschien, aber es war eben so.

„Tut mir leid, das hab ich vergessen.“

Kein Wort mehr.

Er war sofort verliebt. Selten zuvor hatte er Anstand, Verstand und Dekolleté in dieser perfekten Dreifaltigkeit erlebt.

„Jackie“, sagte sie und reichte ihm die Hand.

„O.“, sagte er, „Jackie O.“

Sie sah ihn müde lächelnd an.

„Das war nicht gerade einfallsreich“, sagte er.

„Nicht wirklich“, sagte Jackie.

Er räusperte sich.

„Ich frag meine Brüder, ob sie mir helfen“, sagte sie, „und dann kommen wir morgen. Reicht dir das? Morgen?“

Sie schien ihn loswerden zu wollen.

„Ich hab das perfekte Spiel entwickelt. Ganz simpel. Aus Holz. Das ewige Labyrinth. Wollen Sie das sehen? Ich meine, trotzdem, obwohl ich nicht sehr einfallsreich bin? Ich müsste auch testen, ob es wirklich ewig ist. Wollen Sie?“

„Du.“

Schon wieder. Zwei Buchstaben, die zueinander gehörten.

„Willst du?“, fragte er sie.

„Ja.“

❋

Zwischen ihnen lag das Labyrinth. Eine quadratische Holzscheibe, mit verstellbaren Mauerteilen, eingelassenen Rillen und runden Halblöchern. Jackie würfelte und durfte mit ihrer Glaskugel drei Löcher weiterrollen. Dann setzte er ein Mauerelement um und versperrte ihr den Weg.

So saßen sie stundenlang einander gegenüber, spielten, unterhielten sich, aßen Schinkenbrote, tranken Tee.

„Wie ist das denn passiert mit deinem Fuß?“

„Da ist nichts passiert.“

„Wie?“

„Ich bin aufgestanden, und dann konnte ich nicht mehr auftreten.“

„Und dann?“

„Bin ich zum Arzt.“

„Aha.“

„Der hat gesagt, es bestünde Verdacht auf eine Stressfraktur. Zu viel Sport. Ich hab ihm sofort gesagt, dass ich Stress und Sport nicht ausstehen kann. Dann musste ich zu einem anderen Arzt. Da legte mich eine nette Dame in eine Röhre. Dann bin ich wieder zurück zu dem ersten Arzt. Dann hab ich eine Spritze mit Cortison bekommen, einen Zinkverband, ein paar Tabletten.

Nach zwei Tagen bin ich wieder hin. Hab wieder eine Spritze bekommen. Dann hab ich diesen Plastikgips bekommen. Und jetzt mach ich zweimal am Tag einen Umschlag mit Retterspitz oder mit Quark. Und dann werden wir mal sehen."

Sie, die ein Faible für die bequeme 2-Buchstaben-Lösung zu haben schien, sprudelte auf einmal ganze Wortschlangen aus sich heraus.

„Hat der Arzt dir gesagt, dass du Quark an deinen Fuß schmieren sollst?", fragte er sie.

„Ja."

Er sah sie an.

„Wie lange wirst du das Ding noch brauchen?"

„Ein paar Wochen."

Sie grinste ihn an.

„Was ist?"

„Er heißt Walker."

„Wer?"

„Dieser Gummigips heißt Walker", sie schüttete sich aus vor Lachen.

„Was ist so komisch daran?"

Sie sah ihn sehr ernst an.

„Du sitzt wohl den ganzen Tag in der Stube und bastelst an dem perfekten Spiel. Sägst, drechselst, leimst, überlegst und überlegst. Kommst aus dem Grübeln nicht mehr raus."

„Wieso?"

„Ein Walker ist ein Begleiter für Frauen, die nicht allein sein wollen. Verstehst du?"

„Ach so."

Jackie würfelte eine Fünf.

„Nimmst du deinen Begleiter überall mit hin?"

„Ja."

„Immer?"

„Immer."

„Tag und Nacht?"

„Was genau willst du wissen?"

„Na ja. Wie viele Begleiter du im Schnitt so hast."

„Im Schnitt einen", antwortete Jackie.

Er verstellte die Mauer so, dass sie nach dem nächsten Würfeln den Ausgang erreicht hatte. Das hätte ihm nicht passieren dürfen, das war reine Unkonzentriertheit.

„Soll ich ihn ausziehen?", fragte sie.

„Den Begleiter?", fragte er.

„Wen sonst?"

❊

Auch am nächsten Morgen wollten sie nicht voneinander lassen. Als er sich schließlich anzog, fragte sie ihn: „Warum hast du eigentlich nicht früher geläutet, wegen der Waschmaschine?"

„Ich weiß es nicht."

„Du musst doch tierisch sauer gewesen sein."

„Schon."

„Eben. Das bringt doch nichts zu warten, bis man endgültig genervt ist. Ich hatte es doch nur vergessen."

„Es ist also meine Schuld, dass deine Waschmaschine bei mir steht."

„Nein, natürlich nicht, aber dass du dich geärgert hast.“

„Das nächste Mal, wenn du dir was bestellt, einen Geschirrspüler oder einen riesigen Tresor ...“

„... oder eine Sauna.“

„Werde ich sofort bei dir läuten.“

„Versprochen?“

„Versprochen.“

Er küsste sie zum Abschied.

❋

Es war ein guter Tag. Die Sonne strahlte. Der Straßenlärm war heiter und beschwingt. Er freute sich auf die Arbeit und noch mehr darauf, dass er am Abend Jackie Oh! wiedersehen würde.

Den Lastwagen sah er nicht.

# Plan B

„Nicht vordrängeln, Königliche Hoheit."

Sie war dreizehn Jahre alt, als sie ihn in der Konditorei zur Ordnung rief. Er entschuldigte sich formvollendet, die Wangen feuerrot.

„Und jetzt kaufst du mir eine Zimtschnecke", sagte das Mädchen.

„Ich denk ja nicht dran", antwortete er.

❈

Ein Jahr später trafen sie sich wieder, Vadim war durchgefallen und landete auf dem Platz neben Nadja.

Erst waren sie nur Klassenkameraden, dann wurden sie Freunde. Während des Studiums trennten sich ihre Wege vorübergehend. Jahre später führte sie der Job wieder zusammen. Er kellnerte in einer Studentenkneipe, wo BAföG-Empfänger sich lange an einem Bier festhielten. Sie bediente gegenüber in einem Szene-Café, wo junge Frauen am späten Nachmittag Aperól bestellten.

Vadim war Journalist und arbeitslos. „Es gibt nichts Schlimmeres als Chefredakteure, die einen zwingen, Ich-Geschichten zu schreiben. Überall muss ein Ich stehen, damit der Leser sich mit dir emotional verbinden kann. ‚Schreiben Sie eine Kolumne', hat mein Chefredakteur gesagt, ‚und nehmen Sie den Leser an die Hand. Mit zu sich nach Hause.' – ‚Ich bin nicht Journalist geworden, um Händchen zu halten. Wenn ich professioneller Händchenhalter hätte werden wollen, wäre ich von Beruf Freund oder Guru geworden. Mir ist Händchenhalten aber zuwider, also bin ich Schreiber geworden. Um über andere Menschen zu schreiben.' – ‚So was brauchen wir heute nicht mehr. Wir brauchen ICH plus MEINUNG plus HÄNDCHENHALTEN.' Das waren die letzten Worte meines Chefredakteurs, bevor er mich gefeuert hat."

Nadja war Anlageberaterin und auch arbeitslos. „Meine Erfolgssträhne verlief azyklisch und war nicht mehr in den Griff zu bekommen."

Vadim, aus einem alten, größtenteils brisant verarmten russischen Adelsgeschlecht stammend, hatte von seiner Großtante ein Grundstück auf dem Land überschrieben bekommen, das nicht viel wert war. Da sollte ein Regenwasserkanal gebaut werden. Und den musste er mitbezahlen.

Nadja hatte gar nichts und auch keinen Plan B.

Stundenlang gingen sie im Park spazieren, hörten den Vögeln zu, bewunderten die Bäume, überlegten, wie man legal zu möglichst viel Geld kommen könnte.

„Schreib ein Sexbuch", sagte Nadja.

„Über Sex ist alles gesagt", sagte Vadim.

„Schreib ein lustiges Sexbuch für Frauen", sagte Nadja.

„Bloß nicht." Vadim wollte nichts Unseriöses schreiben, zumindest nichts noch Unseriöseres als das, was er bisher geschrieben hatte.

„Hast du eine bessere Idee?“, fragte sie.

„Als Sex?“

❋

„Was findest du denn verführerisch?“, fragte Nadja.

„Ich mag es, wenn ich von der Verführung überrascht werde, wenn die Verführung um die Ecke kommt und mich aus dem Konzept bringt. Frauen, die nur verführerisch schauen, kann ich nicht ertragen“, sagte Vadim. „Wie ein Schaf glotzen kann nun wirklich jede.“

Nadja lachte.

Vadim stellte sich auf den Stuhl, reckte sich und versuchte die Deckenluke des unterirdischen Fluchtweges zu öffnen. Nadja hielt den Stuhl fest – sein behaarter, weicher Bauch vor ihrem Gesicht. Sie waren gute Freunde. Immer schon, quasi.

Sie schob das T-Shirt noch etwas höher und zog mit der Zungenspitze einen Kreis um seinen Bauchnabel.

„Was machst du da?“, rief Vadim. „Spinnst du? Wir machen hier einen Kunstdiebstahl. Das ist Arbeit, kein Vergnügen.“

Aber Nadja ließ sich nicht mehr abhalten von dem, was ihr in den Sinn gekommen war.

❋

„Alle wollen sie nur mein Geld“, sagte die alte Dame im Esszimmer, zehn Meter über Vadim und Nadja.

„Das ist eine unfassbare Ungerechtigkeit“, sagte die Haushälterin.

„Setz dich zu mir, Alba“, sagte Vadims Großtante. „Hol dir einen Teller und iss mit mir.“

„Bitte, Frau Gräfin, nach dreißig Jahren müssen wir jetzt auch nicht mehr sozialdemokratisch werden“, sagte Alba und ging zurück in die Küche, wo sie ihr Mittagsmahl zu sich nahm und auf die Uhr starrte. Sie hatte der Gräfin ein Schlafpülverchen verpasst, an der Haustür war ein Experte für Alarmanlagen zugange. Ewig viel Zeit würde dem Einbrecher-Duo allerdings nicht bleiben. Aber Vadim war ein Zuverlässiger. Sie schätzte ihn sehr, ein so fleißiger junger Mann, mit einer so geizigen, raffgierigen Tante geplagt, die die gesamte adelige Bagage um sich herum ausbluten ließ.

Sie hätte es auch umsonst gemacht. Aber Vadim hatte darauf bestanden, dass sie für ihre Kooperation angemessen entlohnt werden würde. Von ihrem Anteil wollte Alba Urlaub in einem Wellnesshotel machen und sich nonstop bedienen lassen – rund um die Uhr.

❈

Weil der illegale Raubzug libidobedingt scheiterte, kehrten Vadim und Nadja zu den legalen Geldbeschaffungsmethoden zurück.

„Sex ist für mich wie Science-Fiction. Das hab ich auch nie kapiert", sagte Vadim.

„Du musst es auch nicht kapieren. Hauptsache, die Geschichten sind lustig", sagte Nadja. „Weil Sex lustig ist. Irgendwie."

„Aha. Ich dachte immer, Frauen wollen Liebe, Gefühl, Sinnlichkeit ..."

„Das stimmt. Die meisten Frauen wollen Liebe, Gefühl, Sinnlichkeit. Es gibt aber eine unterdrückte Minderheit, und die will lachen. Und ich hab auch schon eine Idee. Eigentlich ist es eine Fantasie, die mich manchmal überkommt."

„Oh Gott", sagte Vadim. „Was ist ernüchternder als eine Fantasie."

„Pass auf", sagte Nadja und ignorierte wie so oft Vadims Bedenken.

„Es geht los: Ich stehe unter der Dusche. Die Tür öffnet sich. Ein Mann mit einer Handprothese kommt herein. Seine Kunsthand umgreift meine ..."

„Walter Matthau hatte eine Prothese", sagte Vadim, „in *Charade*, und Audrey Hepburn war ihm verfallen."

„Es war nicht Walter Matthau, sondern der andere, den hat er dann abgemurkst. Und Audrey Hepburn war auf Cary Grant scharf ... Ich an ihrer Stelle hätte Walter Matthau genommen. So ein knautschiges Gesicht auf meiner Haut."

„Deine Sexfantasien in Ehren", sagte Vadim. „Aber wen soll das denn interessieren?"

„Willst du jetzt eine neue Karriereoffensive wagen – ja oder nein?", fragte Nadja.

„Ich müsste nicht offensiv werden, ich wäre jetzt reich, meine Tante hätte einen Spanier weniger, und ich müsste keine Schubiduheftchen für nymphomanische Damen schreiben, wenn du im Untergrund nicht an mir herumgeschlabbert hättest."

„Du hättest mich wegstoßen können, hättest sagen können: Lass das bitte, das ist mir unangenehm. Aber du hast dir deine Kleider schneller vom Leib gerissen, als du den kubistischen Schinken von der Wand hättest nehmen können. Und außerdem: Du wolltest aus dem Konzept gebracht werden, die Verführung muss um die Ecke kommen, dich überraschen. Ich hab dich überrascht, zwar nicht um die Ecke, aber immerhin überrascht."

„Gut, hiermit bitte ich dich um Entschuldigung, dass ich nicht standhaft geblieben bin. Also: Hat dein Traummann einen Metzgerhaken aus Edelstahl oder ..."

„Nein, was denkst du denn, er hat eine Handprothese mit richtigen Fingern. Und von diesen Händen hat er mehrere, zur Reserve. Manchmal lässt er mir seine Hand da. ‚Süße', sagt er dann, ‚nicht traurig sein, hier hast du meine Linke – zum Spielen.' Und manchmal vergisst er sie einfach auch. Wenn er es morgens besonders eilig hat."

„Wo vergisst er sie? Im Bad, im Waschbecken? Oder lässt er sie an der Garderobe hängen?"

„Unter der Bettdecke", sagte Nadja. „Da streift sie dann meine Beine oder was auch immer ihr zwischen die Finger kommt."

„Nein!"

„Doch!"

Er hätte lieber grundsolide Sexgeschichten für Männer geschrieben.

„Wir werden ihn Albert Hackmann nennen. Falls wir die Buchrechte ins Ausland verkaufen. Dann passt der Name im Englischen auch. So was ist wichtig. Und wenn es ganz gut läuft, könnte man eine Hackmann-Serie machen", sagte Nadja. „Eine Art Jerry Cotton, nur eben schlüpfrig. Und Albert müsste so aussehen wie Walter Matthau. Vielleicht ein bisschen jünger."

„Ich finde, er sollte aussehen wie Joe Mantegna", sagte Vadim.

„Den kennt doch keiner."

„Aber Walter Matthau schon ...?"

❋

Nadja entwickelte einen Businessplan und zwang Vadim zu regelmäßigen Meetings. Sie war sich des literarischen Erfolges sicher, er hatte Angst davor.

„Warum muss es ein einarmiger Mann sein?", fragte er. „Das ist geschmacklos."

„Warum ist ein Einarmiger geschmacklos?", fragte sie.

„Nicht der Einarmige ist geschmacklos. Sondern deine Fantasie."

„Es ist also geschmacklos, mit einem Einarmigen Sex zu haben! Das ist ja ekelhaft, was du da sagst."

„Nein, es ist ekelhaft, sich über einen Einarmigen lustig zu machen", sagte Vadim.

„Ich mache mich nicht lustig über Albert, ich mache ihn zum Sexgott."

„Und warum fahren die Frauen auf so einen ab?"

„Weil er nicht perfekt ist."

Vadim sah sie an.

„Bin ich perfekt?", fragte er.

„Du bist ein Perfektionist, der stundenlang an einem Satz herumfeilt, der Frauen danach beurteilt, ob die Proportionen auch wirklich stimmen. Du bist einer, der sagt: ‚Aber da hätte man noch ...'"

„Würdest du mit mir noch mal Sex haben, wenn ich einarmig wäre?"

„Würdest du jetzt bitte den Anfang von unserem Roman laut und deutlich vorlesen, damit ich besser eintauchen kann!"

Vadim nahm einen Schluck Limonade, räusperte sich und verlieh seiner Stimme das Timbre eines versoffenen Bühnenstars:

*Albert Hackmann verließ im Morgengrauen die Wohnung von Baby Jane, die abgesehen von ihrer blutroten Schlafmaske so wenig trug, wie es die Natur erlaubte. Baby Jane schlief glücklich, so wie alle anderen glücklich schliefen, wenn er sich ihrer in der Hitze der Nacht angenommen hatte.*

*Er lief in seinem Glencheck-Zweiteiler über die regennasse Straße, zündete sich ein Zigarillo an und roch an dem Finger, der noch nach gleißendem Miteinander duftete.*

*Hackmann hatte eine echte und eine falsche Hand, er mochte sie beide, und er wusste eines ganz genau: Ein Mann muss nicht perfekt sein. „Wenn dir etwas fehlt, kümmere dich nicht darum, sondern werde unvergesslich und unverzichtbar mit dem, was du kannst.*

*Und ernähre dich wie ein ganzer Kerl …"*

„Also mich macht das nicht wuschig", sagte Vadim.

❊

„Nadja, Sie haben einen guten Einfluss auf meinen Neffen", sagte die Gräfin beim Nachmittagstee anderthalb Jahre später, „ich habe immer Angst gehabt, dass er kriminell wird. Aber jetzt, wirklich, Vadim, ich muss dir sagen, es gefällt mir gut, dein Buch – auch wenn ich nicht alles kapiert habe. Alba hat es auch gelesen. Alba, sag was! Wie findest du das Buch?"

„Lustig", sagte Alba und nippte an ihrem Hagebuttentee.

Nadja grinste.

„Ich bin stolz auf dich", die Gräfin reichte Vadim eine Papierrolle. „Deshalb möchte ich dir ein Präsent machen."

„Aber Tante …"

„Jetzt schau es an", sagte die Gräfin, und Vadim öffnete die Rolle.

Es war eine Zeichnung: betende Hände.

„Ist das ein Original?", fragte Nadja.

„Aber nein, Kindchen, was denken Sie denn", sagte die Gräfin. „Meine Originale hab ich alle verkauft. Schon vor Jahren. Ich hab nur noch Fälschungen, das merkt doch eh keiner."

Vadim trank sein Likörchen auf Ex.

„Hatten Sie finanzielle Sorgen?", fragte Nadja.

„Nie. Aus Prinzip nicht. Aber der Tierschutz, die Umwelt, die Soldatendenkmäler, das Soziale im Großen und Ganzen …"

Vadim sah seine Großtante an.

„Man muss Gutes tun. Du hast das auch in dir. Das spüre ich. Du tust Gutes für die Frauen. Machst sie glücklich."

Vadim, Nadja und Alba zogen sich in Schweigen zurück.

„Haben Sie was mit meinem Neffen?", fragte die Gräfin Nadja und reichte ihr ein After Eight.

„Nein", antwortete Nadja. „Ich bin nur seine Muse."

„Und ich von der Muse geküsst", lächelte Vadim und schenkte sich ein weiteres Likörchen ein.

# Vertrauenssache

Sie wollte tanzen, einmal mit einem richtigen Tänzer tanzen, nur eine halbe Stunde lang.

Eine Herzensangelegenheit.

Janina war bildhübsch, hielt den Kopf schräg und ging unsicher. Sie war blind, und sie war gehörlos.

Er hatte seine Zeit gebraucht, um sich daran zu gewöhnen, dass seine Tochter nicht so war wie erwartet.

„Dann müssen wir jetzt bei allen Balletts anrufen, ob wir mal vorbeikommen können!", sagte seine Frau. Sie ging die Dinge immer schnell an.

Ballett war nicht das, wonach er sich tief im Innersten sehnte. Er mochte Country, und seine Frau hatte er beim Strip-Poker kennen gelernt. Da war er fünfzehn gewesen und sie siebzehn.

Tagelang telefonierten sie ihre Listen ab und wurden von den Assistenten der Ballettdirektoren, den Assistenten der Choreografen oder von den Assistenten der Assistenten abgewimmelt.

„Wir überzeugen eher in Natura", sagte er, der seine Pläne langsam, aber mit Bedacht ausarbeitete. Er glaubte nicht an Gespräche, er glaubte an Begegnungen.

„Findest du? So wie wir aussehen – ein Walross und eine Seekuh?", seine Frau lächelte.

„Das sind Sympathieträger. Geh in den Zoo. Wo stehen die meisten Besucher: bei den Elefanten, den Eisbären, den Walrössern – oder bei den Pfauen?"

In Natura überzeugten sie.

„Kommen Sie morgen Nachmittag vorbei", sagte der Mann mit den Trainingshosen und dem schweißnassen Oberkörper, nachdem die Sympathieträger ihr Anliegen vorgetragen hatten.

❊

Sie war mit ihren Eltern gekommen. Eingemummelt in Mütze, Schal, Pullover und eine dicke Strickjacke.

„Sie sind zu spät", sagte der Tänzer zur Begrüßung.

„Ja", sagte Janinas Mutter, „das tut uns leid, aber wir haben keinen Parkplatz gefunden. Ich hoffe, das ist kein Problem."

„Es ist kein Problem, aber es ist respektlos."

Die Eltern schwiegen.

„Haben Sie Trainingsklamotten dabei?"

„Nein", sagte die Mutter, „das ..."

„In so engen Jeans kann man sich nicht frei bewegen. Und mit einem Wollpulli. Man schwitzt beim Tanzen, das ist anstrengend", der Tänzer sah die Eltern an. „Na ja. Fangen wir einfach mal an."

Der Vater räusperte sich: „Ich hab's Ihnen ja schon gesagt, aber nur damit Ihnen das wirklich klar ist: Meine Tochter sieht Sie nicht, und sie hört Sie nicht", sagte er, „Sie können Janina nichts zeigen, Schritte oder so, und Sie können ihr nichts erklären."

„Ich weiß."

„Hier, für den Notfall", der Vater reichte ihm einen Handschuh, auf dem Buchstaben aufgedruckt waren: die Vokale auf den Fingerkuppen, der Rest über die ganze Handfläche verteilt. Falls Janina ihm etwas mitteilen müsse oder er ihr, ginge das für Ungeübte so am Unkompliziertesten, einfach auf die Buchstaben tippen, sagte er.

„Ich kann beim Tanzen keine Handschuhe tragen. Wenn ich ihr etwas sagen muss, dann müssen Sie mir helfen."

Er sagte: ihr. Redete über Janina hinweg. Wie jeder. Ging ja auch fast nicht anders.

„Ballett ist nicht mein Ding, ehrlich ...", sagte der Vater und dass er und seine Frau eigentlich nicht dableiben wollten.

„Setzen Sie sich dahinten auf die Stühle."

❋

„Hoffentlich ist der nicht grob zu Janina, so unhöflich, wie der redet", sagte seine Frau leise. „Bitte kennt der anscheinend nicht."

„Das ist genau der Richtige. Der lügt nicht, der ist unsentimental und behandelt Janina nicht wie einen Schwachkopf."

„Seien Sie ruhig", zischte der Tänzer.

„Der nervt mich, der arrogante Depp", flüsterte seine Frau und erhob sich. „So einem mag ich mein Kind nicht anvertrauen."

Er zog seine Frau zurück auf den Sitz.

❋

Janinas Hände tasteten federleicht über den Körper des Tänzers, dann nahm sie seine Hand, streifte ihm den Buchstabenhandschuh über.

I C H V E R T R A U E D I R

Sie zog die Mütze, den Schal und die Strickjacke aus. Er schmiss den Handschuh in eine Ecke.

Seine Hände umfassten fest ihre Oberarme. Er wiegte sie sanft hin und her, drehte sie. Immer auf Abstand zu seinem Körper. Seine Finger griffen zwischen ihre Finger, zogen sie mit sich, stießen sie weg.

Für eine wie sie waren das bereits ungewohnte Bewegungen.

Er legte eine Hand auf ihren Bauch, schubste sie, ging um sie herum, legte die andere Hand auf ihren unteren Rücken, fing sie wieder auf und umschloss von hinten Janinas Hände.

Das machte er immer wieder. Seine Berührungen waren stille Kommandos, und diesen Berührungen gab sie sich ohne Zögern hin.

Ihr Gesicht brannte, die Haare fielen ihr ins Gesicht, klebten auf der Haut. Sie löste ihre Finger aus seinen, zog einen Haargummi aus ihrer Jeanstasche, band sich die langen Haare zu einem Knoten. Er ging zu seiner Tasche, holt eine Wasserflasche, nahm einen Schluck und reichte sie ihr. Sie trank, gab ihm die Flasche zurück und streckte ihm die Hände wieder entgegen.

Er umfasste mit beiden Händen ihre Taille, ließ Janina nach rechts schwanken, nach links, hob sie hoch, ließ sie zu Boden gleiten.

Sie stolperte, rieb sich das Knie, stand wieder auf. Schweiß lief ihr den Nacken hinunter. Ihre Hände waren feucht, sie rieb sie an ihrer Hose trocken und öffnete den Reißverschluss ihrer Jeans. Er half ihr, den Rollkragenpullover über den Kopf zu ziehen.

„Hey, Meister, jetzt ist aber Schluss“, rief der Vater, nachdem er kurz und scharf durch die Finger gepfiffen hatte. „Und fass ihr ja nicht an die Brüste.“

„Wollten Sie nicht gehen?“, antwortete der Tänzer.

Sie stand vor ihm in Unterwäsche. Schöne Unterwäsche, dafür sorgte ihre Mutter immer, dass sie hübsch angezogen war.

Er drehte sie um, zog sie an sich, umarmte sie, seinen rechten Arm über ihren Brüsten, das Gesicht in ihrer Halsbeuge und hob sie hoch.

Ihr Vater wusste nicht, ob er wegschauen sollte oder seine Tochter doch lieber anschauen mochte.

❈

Das letzte Mal geweint hatte er, als Johnny Cash gestorben war.

„Mensch“, sagte er zu seiner Frau und wischte sich über die nassen Augen, „tanzen hab ich mir anders vorgestellt, aber ist trotzdem schön … irgendwie.“

Janina, sonst ungelenk und zögerlich, schien ihm weich und sinnlich geworden – und der Verführung vertraut.

„Kleiner“, spöttelte seine Frau liebevoll und legte seine Hand zwischen ihre Hände.

❈

Nach einer Stunde hielt der Tänzer sie fest in seinen Armen. Seine heiße Wange an ihrem warmen Gesicht, spürte ihren Ohrring auf seiner Haut. Ihre Nase an seinem Hals. Er umarmte sie, weil er ihr nicht sagen konnte, dass sie schön war, und weil sein Lächeln nicht ankommen würde.

Aber sie spürte sein Zittern.

❈

„Sagen Sie Janina bitte, dass sie übermorgen um zwei Uhr wiederkommen kann – nur wenn sie möchte, natürlich. Und vielleicht können Sie mir dieses Getippse beibringen.“

„Logisch“, sagte der Vater, „das ist ganz einfach.“

„Danke. Das ist sehr nett. Und danke, dass ich mit Ihrer Tochter tanzen durfte.“

„Wir müssen uns bei Ihnen bedanken“, sagte die Mutter.

Er schüttelte den Kopf.

„Ja dann“, sagte der Vater, „bis ...“

Der Tänzer sah Janina an.

„Könnten Sie Janina für mich fragen, wie sie es fand?“

Die Finger flitzten über die Handfläche seiner Tochter.

„Und?“

„Sie will es Ihnen selbst sagen.“

Er reichte dem Tänzer den Handschuh.

Janina nahm dessen Hand, berührte mit dem Zeigefinger langsam vier Buchstaben und grinste.

S E X Y

Schaum und Berge 7
Genoveva 15
Der Langweiler 21
Zielsicher 29
Melodisch 33
Hund 43
Am Brunnen 49
Unterm Schirm 55
Vorbildlich 65
Die Andere Generation … 69
In Libido 75
Madame 83
Gefährten 89
Hut ab 97
Im Flug 105
Gleich und anders 111
Was zählt im Leben 119
Mehr Blut und ein Küsschen 123
Die Wand 129
JoJo 137
Wert 143
Großes Kino 149
Kinderkram 155
Mann allein 161
Oh Du Ja 167
Plan B 173
Vertrauen 183